그림으로 보는 조선왕조실록

⊙ 사진 제공
18쪽-조선왕조실록(국립고궁박물관), 94쪽-경국대전(문화재청)

그림으로 보는 조선왕조실록

초판 1쇄 발행 2022년 12월 30일

글 정혜원 | 그림 최호정

발행인 오형석
편집장 이미현 | **편집** 정은혜 | **디자인** 이희승
발행처 (주)계림북스
신고번호 제2012-000204호 | **등록일자** 2000년 5월 22일
주소 서울시 마포구 창전로 74 여촌빌딩 3층
대표전화 (02)7079-900 | **팩스** (02)7079-956
도서문의 (02)7079-913
홈페이지 www.kyelimbook.com

ⓒ계림북스, 2022
이 책에 실린 글과 그림, 사진의 무단 전재나 복제를 금합니다.

ISBN 978-89-533-3504-2 74900 | 978-89-533-3503-5(세트)

그림으로 보는 조선왕조실록

1 새 나라 조선

글 정혜원 | 그림 최호정

계림북스

들어가는 말

전 세계에 우리 민족의 힘을 보여 주는 역사 기록

　〈조선왕조실록〉은 조선을 세운 태조부터 제25대 왕 철종까지 472년을 기록한 역사책이에요. 긴 시간에 걸맞게 분량도 어마어마해서 1893권 888책이나 되지요. 〈조선왕조실록〉에는 왕을 중심으로 나라에서 벌어진 중요한 사건이 실려 있어요. 사실만 기록한 것이 아니라 역사 편찬을 담당한 신하의 의견과 비판도 기록되었어요. 왕과 권력자의 눈치를 보지 않고 사실대로 자유롭게 썼다는 의미예요. 또한 날씨, 산업, 풍속 등 백성들의 이야기도 살펴볼 수 있어요. 이런 가치를 인정받아 우리나라의 국보가 되었고, 온 인류가 잘 보존해야 할 소중한 세계 기록 유산으로 지정되기도 했답니다.

◆ 실록의 내용을 1893편으로 나누고, 그것을 888권의 책으로 묶은 걸 뜻해요.

역사는 거울과 같아요. 역사를 기록하는 까닭은 과거의 사건을 통해 현재와 미래를 더 지혜롭게 살아갈 수 있기 때문이에요. 역사를 기록한 민족은 사라지지 않아요. 우리나라는 삼국 시대부터 조선 시대까지 수천 년 동안 역사를 기록하는 전통을 이어 왔어요. 오늘날 세계가 부러워하는 나라로 우뚝 설 수 있는 힘도 역사에서 비롯되었다고 할 수 있지요.

〈그림으로 보는 조선왕조실록〉은 많은 분량의 〈조선왕조실록〉 가운데 유익하고 중요한 사실을 가려서 풍부한 그림과 함께 쉽고 재미있게 풀어 쓴 책이에요. 지금부터 역사의 바다로 긴 여행을 떠나 볼까요?

정혜원

차례

세계 기록 유산 〈조선왕조실록〉

- 〈조선왕조실록〉이 궁금해! ········ 12
  - 조선 시대를 알 수 있어요
  - 472년 동안 기록되었어요
  - 가장 긴 실록과 가장 짧은 실록

실록 배움터 ········ 18
우리나라를 빛낸 세계 기록 유산

- 후세에 길이 남을 역사책 ········ 20
  - 사관은 목숨 걸고 사실을 적었어요
  - 왕도 사관 앞에서 입조심했어요
  - 백성을 위해 역사를 기록했어요

- 한 편의 실록이 완성되기까지 ········ 26
  - 실록을 엮기 전에 사초를 썼어요
  - 왕이 죽으면 실록청을 만들었어요
  - 실록이 완성되면 사초를 물로 씻었어요
  - 실록을 어느 곳에 보관했을까요?

실록 배움터 ········ 34
실록을 보려 한 왕들이 있었다고?

실록 놀이터 미로 찾기 ········ 36

기울어져 가는 고려

- 나라를 세울 영웅의 탄생 ········ 40
  - 이성계가 함경도 영흥에서 태어났어요

- 중국의 변화는 신진 사대부의 기회 ········ 42
  - 중국에서 명나라가 일어났어요
  - 친원파와 친명파로 나뉘었어요

- 고려의 마지막 희망 ········ 46
  - 공민왕이 신돈과 개혁을 펼쳤어요
  - 이성계가 쌍성총관부를 공격했어요
  - 공민왕이 죽고 고려는 더욱 기울었어요

- 권문세족과 신진 사대부의 한판 싸움 ········ 52
  - 최영이 권력을 잡았어요
  - 남쪽을 침범하는 왜구를 물리쳤어요
  - 명나라가 철령 북쪽 땅을 요구했어요
  - 이성계가 4불가론을 주장했어요
  - 위화도에 이르러 말 머리를 돌렸어요
  - 마지막 임금으로 공양왕을 세웠어요

실록 배움터 ········ 64
우왕과 창왕이 쫓겨난 까닭은?

- 고려인가, 새로운 나라인가? ········ 66
  - 고려를 지키려는 사람들

- 정몽주를 선죽교에서 죽였어요
- 고려를 이어받았어요

실록 배움터 ························· 72
고려 왕족들은 어떻게 되었을까?

실록 놀이터 순서대로 이야기 만들기 ············ 74

활기찬 아침의 나라

• **새 역사를 시작한 조선** ················ 78
- 새로운 나라를 세웠어요
- 공을 세운 신하들에게 상을 내렸어요
- 나라의 이름을 조선으로 정했어요

• **북악산 아래 지은 경복궁** ··············· 84
- 새로운 도읍을 찾아 떠났어요
- 한양을 도읍으로 정했어요
- 성을 쌓고 궁궐을 지었어요

실록 배움터 ························· 90
조선 건국을 도운 무학 대사

• **신진 사대부가 꿈꾼 새로운 나라** ·········· 92
- 조선은 성리학의 나라예요
- 〈조선경국전〉을 펴냈어요
- 성균관을 지었어요
- 숭유억불 정책을 펼쳤어요
- 과전법을 실시했어요
- 신분 제도를 정했어요

• **첫 번째 왕자의 난** ··················· 104
- 이성계는 여덟 명의 왕자를 두었어요
- 막내아들 방석을 세자로 삼았어요
- 방석의 뒤에 정도전이 있었어요
- 첫 번째 왕자의 난이 일어났어요

실록 배움터 ························· 112
왕자의 난을 일으킨 사람은 누구일까?

실록 놀이터 상상해서 그리기 ············ 114

징검다리 임금

- **어수선한 한양** ········· 118
  - 방과가 왕이 되었어요
  - 다시 도읍을 개경으로 옮겼어요
- **두 번째 왕자의 난** ········· 122
  - 왕자의 난이 또 일어났어요
  - 방간을 살려 주었어요
- **욕심을 버린 정종** ········· 126
  - 이방원을 세자로 책봉했어요
  - 이방원에게 왕위를 물려주었어요

실록 배움터 ········· 130
정종은 왜 '공정왕'이라고 불렸을까?

실록 놀이터 다른 그림 찾기 ········· 132

왕권 강화에 힘쓴 태종

- **아버지와 아들의 갈등** ········· 136
  - 아버지와 점점 사이가 나빠졌어요
  - 태조가 안변으로 떠났어요
  - 신하들을 안변으로 보냈어요
  - 태조는 회암사에 머물렀어요
  - 조사의가 난을 일으켰어요
- **다시 한양으로** ········· 146
  - 동전을 던져 새 도읍을 정했어요
  - 창덕궁이 완성되었어요

실록 배움터 ········· 150
화살이 꽂힌 살곶이 다리

- **이성계의 죽음** ········· 152
  - 〈태조실록〉을 펴냈어요

실록 배움터 ········· 154
태조의 능에 억새가 자란 까닭은?

- **나라를 나라답게** ················· 156
  - 신문고 제도를 만들었어요
  - 호패법을 실시했어요
  - 과거 제도와 교육 발전에 힘썼어요
  - 거북선을 만들었어요
- **상업을 발전시키다** ················· 164
  - 시전을 지었어요
  - 종이 화폐를 만들었어요
- **외척과 공신을 없애다** ················· 168
  - 왕과 왕비가 자주 다퉜어요
  - 두 처남을 죽였어요
  - 이숙번을 내쫓았어요
- **뒤바뀐 세자** ················· 174
  - 세자가 많은 잘못을 저질렀어요
  - 충녕 대군을 세자로 삼았어요
  - 태종이 왕위에서 물러났어요

실록 배움터 ················· 180
청계천 공사에 정릉의 돌을 사용했다고?

실록 놀이터 틀린 그림 찾기 ················· 182

실록 놀이터 정답 ················· 184

〈부록〉 조선왕조실록 연표

〈조선왕조실록〉은 조선의 첫 임금인 태조부터 철종에 이르기까지 472년 동안 나라 안에서 일어난 일을 적은 기록이에요. 조선의 왕들 곁에는 그날 벌어진 일을 꼼꼼하게 기록하는 사관이 있었어요. 왕이 죽고 나면 예문관의 사관이 기록한 사초와 왕의 비서실인 승정원에서 쓴 〈승정원일기〉, 그 밖에 중요한 자료를 바탕으로 실록을 펴냈어요. 긴 시간과 많은 분량, 높은 역사적 가치를 인정받아 1997년에 〈훈민정음〉과 함께 유네스코 세계 기록 유산으로 선정되었답니다. 찬란하고 웅장한 〈조선왕조실록〉 속으로 들어가 볼까요?

〈조선왕조실록〉이 궁금해!

조선 시대를 알 수 있어요

〈조선왕조실록〉에는 왕을 중심으로 한 정치적 사건은 물론이고, 나라 안에서 벌어지는 여러 가지 일들이 기록되었어요. 태조 이성계의 조선 건국, 태종 이방원이 일으킨 왕자의 난, 세종 대왕의 한글 창제, 수양 대군이 조카인 단종을 죽이고 왕이 된 계유정난, 임진왜란과 병자호란 등 중요한 사건들이 〈조선왕조실록〉에 실렸어요.

세계 기록 유산 〈조선왕조실록〉

정치와 상관없는 사건도 자주 눈에 띄어요. 태종 때 일본에서 선물로 보낸 코끼리가 너무 많이 먹어서 골칫거리가 된 이야기, 중종 때 궁궐에 삽살개처럼 생긴 커다란 괴물이 나타난 이야기, 광해군 때 일본에서 '남초'라는 이름의 담배가 처음 들어온 이야기 등이 실려 있지요.

백성들의 이름도 등장해요. 세종 대왕 때 경상도 진주에 살던 김화가 아버지를 죽였어요. 그로 인해 충격을 받은 세종 대왕은 백성들을 깨우치기 위해 훈민정음을 만들었어요. 광해군 때 부모를 극진히 모신 전라도 함열의 효자 정팽수, 현종 때 어머니를 구하기 위해 불 속에 뛰어든 충청도 옥천의 옥금은 큰 상을 받기도 했지요.

> 세상이 흉흉해서 귀신을 잡으러 왔다멍.

472년 동안 기록되었어요

조선 시대는 첫 번째 임금인 태조부터 마지막 임금인 순종까지 500년이 넘어요. 그러나 〈조선왕조실록〉은 태조부터 철종까지 472년이라는 시간을 담고 있어요. 물론 고종과 순종의 실록도 존재해요. 하지만 〈고종실록〉과 〈순종실록〉은 일제 강점기에 일본 학자들에 의해 편찬되었어요. 사실과 다르게 일본 입장에서 쓰였거나 더 넣거나 빠뜨린 것이 많아요. 그래서 〈조선왕조실록〉에 포함시키지 않는답니다.

세계 기록 유산 〈조선왕조실록〉

〈태조실록〉은 아들인 태종에 의해 1413년에 완성되었어요. 태조가 신하들의 추대를 받아 고려의 도읍인 개경의 수창궁에서 즉위한 것으로 시작해요. 그 뒤로 500여 년 동안 조선의 파란만장한 역사가 〈조선왕조실록〉에 펼쳐지지요. 마지막 〈철종실록〉은 고종에 의해 1865년에 완성되었어요. 원래 철종은 왕족이었지만 왕위 다툼을 피해 강화도에 숨어 살았어요. 헌종이 아들 없이 일찍 죽자 한양으로 붙들려 올라와 왕이 되었지요. 그러나 뜻을 펼치지 못하고 33세의 젊은 나이로 죽고 말았어요. 철종이 죽은 뒤 조선의 운명도 급격히 기울어 갔어요.

가장 긴 실록과 가장 짧은 실록

실록의 분량은 임금이 왕위에 얼마나 오래 있었는지, 얼마나 많은 사건이 일어났는지에 따라 달라져요. 가장 긴 실록은 154책의 〈세종실록〉이고, 가장 짧은 실록은 1책에 불과한 〈정종실록〉이에요.
조선의 임금 가운데 왕위에 있었던 기간이 가장 긴 사람은 영조예요. 영조는 31세에 왕이 되어 83세로 죽을 때까지 52년 동안 조선을 다스렸어요. 재위 기간이 가장 짧은 사람은 효자 임금으로 유명한 인종이에요. 인종은 훌륭한 임금이 될 뻔했으나 안타깝게도 왕위에 오른 지 8개월 만에 31세의 나이로 죽었어요.

세종

내가 32년 동안 뭘 했는지 자세히 기록되어 있단다.

실록의 분량은 왕위에 있었던 기간보다 얼마나 많은 사건이 일어났고 무슨 업적을 쌓았느냐에 따라 결정돼요. 세종 대왕은 한글 창제뿐만 아니라 과학, 인쇄술, 음악, 국방 등 여러 분야에서 업적을 남겼어요. 태조의 뒤를 이어 조선의 두 번째 왕이 된 정종은 동생인 태종 이방원을 대신해서 잠시 왕위에 올랐던 허수아비 임금에 지나지 않았어요. 그래서 실록에 기록할 내용이 적었던 거예요.

실록 배움터

우리나라를 빛낸 세계 기록 유산

'기록 유산'이란 조상들이 글이나 그림 등의 형태로 남긴 문화유산을 말해요. 유네스코는 인류의 소중한 기록 유산을 보존하고 지구촌의 많은 사람과 나누기 위해 1997년부터 2년마다 세계 기록 유산을 지정하고 있어요. 우리나라에서는 1997년에 처음으로 〈조선왕조실록〉과 〈훈민정음(해례본)〉이 지정되었어요. 2001년에는 불교 경전인 〈직지심체요절〉과 조선 시대 왕의 비서들이 적은 〈승정원일기〉, 2007년에 〈해인사 팔만대장경판과 제경판〉, 조선 왕실의 중요한 행사를 기록한 〈조선왕실의궤〉, 2009년에는 허준의 〈동의보감〉이 지정되었지요.

고려 시대에는 불교 유산이 많단다.

2011년에는 조선의 정부 기록인 〈일성록〉과 1980년 광주 항쟁 당시 시민들의 활약을 정리한 〈5·18 민주화 운동 기록물〉이, 2013년에는 이순신의 〈난중일기〉와 근대 산업화 기록인 〈새마을 운동 기록물〉, 2015년에 〈KBS 특별 생방송 '이산가족을 찾습니다' 기록물〉과 〈유교책판〉, 2017년에는 임진왜란 이후 일본에 다녀온 사신들이 적은 〈조선 통신사 기록물〉과 왕실의 중요한 도장에 관한 기록인 〈조선왕실 어보와 어책〉, 일제 강점기 직전 일본에 진 빚을 갚기 위한 조상들의 노력을 보여 주는 〈국채 보상 운동 기록물〉 등 다양한 분야의 기록물이 지정되었답니다.

조선 왕조 500년의 역사가 숨 쉬고 있지.

근현대에는 민주화와 산업화에 관한 기록이 많아.

조선왕조실록

후세에 길이 남을 역사책

사관은 목숨 걸고 사실을 적었어요

중국과 일본, 베트남 등 이웃 나라에도 실록이 있어요. 왕과 귀족들의 정치에 초점을 맞추어 간략하게 쓰였기 때문에, 나라 안에서 벌어지는 다양한 사건을 자세하게 다룬 〈조선왕조실록〉에 비해 역사적 가치가 떨어져요. 〈조선왕조실록〉이 다른 나라의 실록과 가장 다른 점은 역사적 사실 외에 사관의 의견이 실렸다는 점이에요.

★**사관** 역사의 편찬을 맡아 글 쓰는 일을 담당한 관리예요.

세계 기록 유산 〈조선왕조실록〉

신하가 왕이 내린 결정에 대해 개인적인 평가를 적는다는 것은 목숨을 거는 일이었어요. 성종 때 사관 김일손은 세조가 조카인 단종을 내쫓고 왕이 된 사건을 비판하는 내용을 사초에 그대로 적었어요. 그 사실을 알게 된 연산군은 신하들의 반대를 물리치고 사초를 보았어요. 증조할아버지인 세조를 비판하는 사초를 보고 화가 난 연산군은 김일손을 비롯한 수많은 신하를 죽이거나 귀양 보냈어요. 하지만 사관들은 이에 굴하지 않고 연산군의 잘못을 꿋꿋하게 기록하여 후세에 남겼답니다.

왕도 사관 앞에서 입조심했어요

태종은 형제와 처남들을 죽일 만큼 강하고 무시무시한 임금이었어요. 하루는 태종이 사냥을 나갔다가 말에서 떨어지는 일이 있었어요. 태종은 곁에 있던 신하에게 사관에게 절대 알리지 말라고 당부했어요. 태종의 비위를 거스르면 안 되는 것을 알면서도, 사관은 왕이 알리지 말라고 한 사실까지 모두 사초에 적었어요. 사관들은 나라의 중요한 사건은 물론이고 왕의 사소한 말과 행동까지 빠뜨리지 않으려고 노력했어요.

세계 기록 유산 〈조선왕조실록〉

조선 초기에는 사관이 문밖에서 기록했기 때문에 왕이 목소리를 낮추어 신하들과 대화하면 알아들을 수 없었어요. 역사를 기록한다는 책임감 때문에 사관들은 귀를 바짝 세우고 방 안에서 나누는 대화를 엿들었어요. 사관들이 왕 곁에 가까이 앉아 기록한 것은 성종 때부터예요. 성종은 조선 전기에 세종 대왕 다음으로 나라를 잘 다스린 임금이에요. 사관을 방 안으로 불러들인 까닭은 왕이 스스로 조심하여 모범이 되겠다는 의지를 표현한 것으로 볼 수 있어요. 자연스럽게 왕은 사관 앞에서 더욱 입조심을 할 수밖에 없었지요.

백성을 위해 역사를 기록했어요

옛날 사람들은 역사를 거울에 비유했어요. 과거의 거울인 역사에 오늘의 현실을 비추어 보겠다는 뜻이지요. 조선은 초기부터 춘추관★을 만들어 역사를 기록했어요. 역사를 중시한 까닭은 나라를 잘 다스리기 위함이었어요. 나라를 잘 다스려야 백성들이 잘 먹고 편안히 살 수 있지요. 임금들의 가장 큰 고민은 백성들이 굶지 않는 것이었어요. 조선은 농업 국가였어요. 그래서 농민을 양반 계급인 선비 다음으로 중요하게 여길 만큼 농업에 대한 관심이 많았어요.

★**춘추관** 〈춘추〉란 공자가 엮은 중국의 역사책으로, 춘추관은 역사를 담당하던 기관이에요.

> 백성들이 농사를 잘 지어야 나라가 잘 살지. 농민의 마음을 헤아리는 것이 무엇보다 중요해.

세계 기록 유산 〈조선왕조실록〉

〈조선왕조실록〉에는 일식, 월식, 유성, 오로라 등 자연 현상과 흙비, 태풍, 폭설, 우박, 무지개 등 날씨에 관한 기록이 엄청나게 많이 나와요. 자연 현상과 날씨가 농사에 큰 영향을 미치기 때문이에요. 또한 조선 시대 왕들은 스스로를 하늘을 대신해서 백성들을 다스리는 존재라고 믿었기 때문에 천문학에 큰 관심을 가졌어요. 역사와 과학의 발달은 백성들의 행복한 삶과 연결되어 있답니다.

올해는 비가 적당히 와서 농사가 잘될 거 같군.

한 편의 실록이 완성되기까지

실록을 엮기 전에 사초를 썼어요

실록의 기본 자료는 예문관 사관이 쓴 '사초'와 승정원 주서가 쓴 '승정원일기'예요. 예문관은 임금의 말과 명령을 기록하는 일을 맡았고, 승정원은 임금의 명령을 전달하는 일을 하던 비서실이에요. 사관과 주서는 매일 임금의 양쪽에 앉아 신하들과 나누는 이야기를 빠짐없이 기록했어요. 뭐니 뭐니 해도 실록을 엮을 때 가장 중요한 자료는 사초였어요. 사초는 거친 풀 모양의 초서라는 글씨체로 기록한 역사라는 뜻이에요. 임금과 신하들의 대화를 실시간으로 적으려면 빠르게 흘려 쓸 수 있는 초서가 알맞았어요.

한 글자도 놓치면 안 돼.

세계 기록 유산 〈조선왕조실록〉

사관이 임금 곁에서 쓰는 사초를 '입시사초'라 했어요. 입시란 궁궐에 들어가 임금을 뵙는다는 뜻이에요. 사관들은 집에 가서도 사초를 적었어요. 낮에 기록하지 못한 내용을 자세히 썼지요. 이런 '가장사초'에는 자기 의견을 보다 솔직하고 자유롭게 쓸 수 있었어요. 사관은 가장사초를 집에 잘 보관하고 있다가 왕이 죽은 뒤 실록을 만들 때 춘추관에 제출했어요. 정해진 시간에 내지 않으면 자손이 벼슬에 오르지 못할 만큼 큰 벌을 받았어요.

새로 시행한 제도의 효과가 좋다고 하옵니다.

엄근진

왕이 죽으면 실록청을 만들었어요

실록을 쓰기 위한 준비는 왕이 죽기 전부터 시작되었어요. 매년 춘추관에서 사초와 〈춘추관일기〉를 비롯해 궁궐 안에 있는 각 관청의 자료를 모아 시정기를 엮었어요. 시정기에는 날짜, 날씨, 왕과 신하의 대화, 백성들이 올린 상소문 등이 포함되었어요. 실록을 편찬하기 위한 예비 단계였던 셈이지요. 왕이 죽으면 왕위를 한시도 비워 둘 수 없으므로 곧바로 다음 왕의 즉위식이 거행되었어요.

★**즉위식** 새 임금이 왕위에 오르는 것을 알리는 행사예요.

밀고 있는 거 맞아?

세계 기록 유산 〈조선왕조실록〉

석 달이 지난 뒤 새 임금은 졸곡이라는 제사를 지내고 춘추관에 실록청을 꾸리라는 명을 내렸어요. 실록을 펴내는 일은 나라의 중요한 일이라 가장 높은 정승 가운데 한 사람이 최종 책임자인 총재관을 맡았어요. 또한 춘추관의 관리들이 도맡아 하기에 어려운 일이어서 춘추관 이외에 여러 관청의 신하들을 100여 명 가까이 모았어요. 시정기를 중심으로 사초와 〈승정원일기〉, 〈비변사등록〉, 〈일성록〉 등 나라의 기록과 중요한 학자들의 개인 문집, 백성들의 이야기까지 폭넓게 살펴보고 실록을 써 내려갔어요.

실록이 완성되면 사초를 물로 씻었어요

실록은 초초, 중초, 정초의 세 과정을 거쳤어요. 초초는 첫 단계에서 완성된 원고를 말해요. 초서체로 빠르게 휘갈겨 썼어요. 임금이 살아생전에 있었던 일을 날짜에 따라 정리한 것이지요. 한 편의 글을 쓸 때 처음 거칠게 쓴 원고인 초고와 같아요. 중초 단계에서는 각 관청에서 제출한 일지를 바탕으로 초초의 내용을 살폈어요. 빠진 것과 덧붙일 것은 없는지, 사실을 정확하게 기록했는지 꼼꼼하게 보았어요. 마지막 정초는 책임자인 총재관이 중초를 검토하는 과정이에요. 세 단계를 거치는 동안 거칠던 글의 내용은 말끔히 다듬어져요.

세계 기록 유산 〈조선왕조실록〉

정초가 끝나면 책의 권수를 정하고 반듯한 글자로 옮겨 적었어요. 〈세종실록〉부터는 금속 활자를 이용하여 실록을 찍어 냈어요. 실록이 완성되면 초초, 중초, 정초를 한양 북쪽에 있는 세검정 개울물에 씻었어요. 그것을 '세초'라고 해요. 세초를 하는 까닭은 실록의 내용이 새 나가는 것을 막기 위함이었어요. 세초까지 마치고 나면 실록 편찬에 참여한 관리들이 다 함께 모여 세초연이라는 잔치를 벌여 그동안의 수고를 서로 위로했지요.

이게 마지막 세초 맞지?

실록을 어느 곳에 보관했을까요?

실록은 나라의 보물이에요. 완성하는 과정도 힘들었지만 보관하는 방법도 만만치 않았어요. 세종 때 실록을 보관하는 창고인 사고를 더 만들어 네 군데가 되었어요. 서울 춘추관사고와 충청도 충주사고, 전라도 전주사고, 경상도 성주사고예요. 중종 때는 성주사고를 지키던 하인이 산비둘기를 잡다가 불을 내는 바람에 실록이 모조리 타 버렸어요.

귀중한 자료인 실록을 안전하게 보관하여라.

세계 기록 유산 〈조선왕조실록〉

선조 때 임진왜란이 일어나자 실록은 더욱 커다란 위기에 놓였어요. 전주사고를 뺀 나머지 세 곳의 사고가 모두 불에 타 버린 거예요. 전주사고의 실록이 무사할 수 있었던 것은 전라도 선비인 안의와 손홍록의 노력 때문이었지요. 이후로 불이 나거나 외적의 침입에 대비하기 위해 다섯 부를 만들어 각각 다른 곳에 나누어 보관했어요. 조선 후기에는 실록을 적상산, 정족산, 오대산, 태백산으로 옮겼어요. 외적의 손이 닿을 수 없는 깊은 산속이 안전하다고 생각한 것이지요.

실록 배움터

실록을 보려 한 왕들이 있었다고?

중국과 일본 등 이웃 나라에도 실록이 있다고 했지요? 다른 나라의 경우, 왕과 신하들이 실록을 볼 수 있었어요. 그에 반해 조선은 왕이라 해도 실록을 함부로 볼 수 없었어요. 실록은 왕의 아버지와 조상들에 대한 기록이에요. 지배자인 왕이 실록을 보게 된다면 사관은 사실을 정직하게 기록할 수 없을 거예요. 그래서 조선 시대 내내 실록의 내용을 철저하게 비밀로 했고, 기본 자료인 사초나 시정기를 보는 것조차 불가능했지요.

그런데 태종은 아버지 태조 이성계의 실록을 보고 싶어 했어요. 신하들 가운데 하륜은 봐도 된다고 했고, 변계량은 안 된다고 했어요. 태종은 변계량의 말이 옳다고 여겨 실록을 보지 않았어요. 우리 역사상 최고의 성군인 세종 대왕도 아버지 태종의 실록을 보려고 했어요. 신하들은 지금 실록을 본다면 다음 왕들도 계속 보려 할 것이고, 사관들이 사실을 기록하지 못할 것이라고 반대했어요. 결국 세종 대왕도 고집을 버렸지요. 만약 그때 실록을 보았다면 왕이 실록을 볼 수 없다는 전통이 깨졌을 거예요. 또한 지금과 같은 〈조선왕조실록〉을 볼 수 없었겠지요.

실록 놀이터

조선 시대에는 나라의 보물인 실록을 안전하게 보관하기 위해 깊은 산속에 사고를 지었어요. 사고까지 무사히 찾아갈 수 있도록 길을 찾아 주세요.

고려는 태조 왕건이 후삼국을 통일하고 세운 나라예요. 다른 나라의 침략을 잘 막아 냈고 화려한 불교문화를 꽃피웠어요. 그러나 몽골과의 전쟁 이후 고려는 80여 년 동안 몽골이 세운 원나라의 지배를 받았어요. 고려 조정에는 원나라와 가깝게 지내며 권력과 넓은 땅을 차지한 신하들이 생겼어요. 그런 사람들을 '권문세족'이라 하지요.

왕은 힘이 없어 제 역할을 못 하고 권문세족들이 권력을 휘두르자, 나라는 엉망이 되었고 백성들의 원망은 점점 커져 갔어요. 고려의 마지막 이야기를 만나 보아요.

기울어져 가는 고려

나라를 세울 영웅의 탄생

이성계가 함경도 영흥에서 태어났어요

고려 말 함경도 영흥에서 한 아이가 태어났어요. 아이의 아버지는 이자춘, 어머니는 최씨 부인이었지요. 아이는 무럭무럭 자랐어요. 총명하고 용감했으며 특히 활쏘기를 잘했어요. 아이의 조상들이 대대로 무예에 뛰어난 무인이었거든요. 스무 살이 되었을 때 주위에서 활로는 당할 사람이 없었어요. 나중에 큰 인물이 될 것이라는 칭찬이 자자했고, 집안사람들의 기대를 한 몸에 받았지요. 그 아이가 고려를 무너뜨리고 조선을 세운 태조 이성계랍니다.

원래 이성계의 조상들은 전라도 전주에서 살았어요. 고조할아버지 이안사가 관리와 사이가 나빠서 강원도 삼척으로 옮겨 살게 되었어요. 그런데 그 관리가 삼척으로 부임해 오자 할 수 없이 고려와 원나라의 국경인 함경도 동북면으로 이주했어요. 그곳은 겨울에 매우 춥고 여진족이 자주 공격해 오는 험한 땅이에요. 이안사는 새로운 터전에 뿌리를 내렸고, 나중에 원나라의 관리가 되었어요. 자식도 여럿 두었지요. 증손자인 이자춘의 아들이 이성계였어요.

중국의 변화는 신진 사대부의 기회

중국에서 명나라가 일어났어요

몽골은 송나라를 무너뜨리고 중국을 통일한 뒤 고려를 침략했어요. 고려는 도읍을 강화도로 옮겼고, 삼별초라는 군대가 진도와 제주도로 달아나며 끝까지 저항했지요. 그러나 말을 탄 막강한 군대를 앞세운 몽골군의 기세에 눌려 항복할 수밖에 없었어요. 몽골은 원나라를 세웠고 시간이 흐를수록 다른 민족을 차별하기 시작했어요. 백성들이 먹고살기 힘들고 나라가 어지러워지자 전국에서 반란이 일어났어요. 대표적인 반란이 머리에 붉은 수건을 두른 '홍건적의 난'이었지요.

기울어져 가는 고려

그 무렵 홍건적의 무리 가운데 주원장이라는 사람이 있었어요. 가난한 농민의 아들로 태어나 어릴 때 승려가 되어 떠돌이 생활을 했어요. 주원장은 홍건적 가운데 가장 막강한 곽자흥의 부하로 들어갔어요. 얼마 후 곽자흥이 죽자 부하들 사이에 세력 다툼이 벌어졌고, 주원장은 경쟁자들을 물리치고 우두머리가 되었어요. 그리고 원나라 조정에서 탄압받던 선비들을 스승으로 삼아 성리학에 따라 무리를 이끌었어요. 1368년 주원장은 중국 남쪽에 나라를 세웠고, 나라 이름을 명이라 했어요.

친원파와 친명파로 나뉘었어요

고려가 원나라의 지배를 받게 되자 고려를 지배하던 권문세족들이 원나라의 편에 섰어요. 원나라를 등에 업고 왕보다 더 큰 권세를 누렸던 그 사람들을 친원파라고 해요. 권문세족들은 백성들에게 세금을 함부로 거두어들였고, 심지어 농민에게 억울한 누명을 씌워 땅을 빼앗거나 노비로 만들기도 했어요.

기울어져 가는 고려

그즈음 시골에서 사는 선비들을 중심으로 권문세족에 반대하는 움직임이 일어났어요. 원나라에 가서 성리학을 공부하고 돌아온 안향의 제자들이에요. 대부분 과거 시험을 치르고 제 실력으로 당당하게 벼슬에 올랐어요. 불교에 반대했고 새로운 유학인 성리학의 가르침에 따라 나라를 다스리고자 했어요. 그 사람들을 신진 사대부라고 해요. 중국 남쪽에 명나라가 일어나고 원나라의 힘이 약해지자 신진 사대부들은 명나라와 가깝게 지내며 고려를 새롭게 바꾸려고 했어요. 가장 먼저 할 일은 권문세족들을 몰아내고 땅을 백성들에게 돌려주는 것이라 생각했지요.

도둑놈이 따로 없네.

땅을 백성들에게 돌려주자!

신진 사대부 (친명파)

고려의 마지막 희망

공민왕이 신돈과 개혁을 펼쳤어요

신진 사대부와 뜻을 함께한 사람이 있었어요. 고려의 마지막 희망이었던 공민왕이에요. 공민왕은 왕위에 오르자마자 신진 사대부들을 조정으로 불러들였어요. 그리고 권문세족들이 모여 나랏일을 결정하던 정방이란 조직을 없애 버렸어요. 또한 원나라의 머리 모양인 변발과 옷을 고려의 풍습에 맞게 바꾸었지요. 더 이상 원나라의 간섭을 받지 않고 개혁을 통해 고려를 강한 나라로 만들겠다는 굳은 의지를 표현한 거예요.

기울어져 가는 고려

신진 사대부와 함께 공민왕의 개혁을 도운 사람 중에 승려 신돈이 있었어요. 신돈은 절에서 일하는 노비의 아들로 태어났어요. 비록 신분이 낮은 천민이었으나 머리가 좋고 학문이 깊어 공민왕의 신임을 받았어요. 신돈은 전민변정도감을 만들어 권문세족들의 땅을 농민들에게 되돌려 주었고, 억울하게 노비가 된 백성들을 자유롭게 풀어 주었어요. 백성들은 환호하며 좋아했으나, 권문세족들의 불만은 하늘을 찔렀어요. 땅과 노비를 잃은 권문세족들은 신돈을 멀리 내쫓거나 심지어 죽이려 했지요. 신돈은 아랑곳하지 않고 개혁 정책을 펼쳤어요.

★**전민변정도감** 땅과 백성들을 바르게 변화시키는 관청이라는 뜻이에요.

이성계가 쌍성총관부를 공격했어요

이성계의 집안은 고조할아버지 이안사 이후 원나라에서 계속 벼슬을 했어요. 이성계의 아버지 이자춘은 쌍성총관부에서 천호라는 관직을 맡았어요. 그러나 원나라는 시간이 흐를수록 자기 나라 사람들과 고려에서 온 사람들을 차별했어요. 아예 호적을 다르게 만들어 고려 사람을 원나라 사람보다 낮게 대우했어요. 고려 사람들의 우두머리인 이자춘의 마음속에는 분노가 점점 차올랐어요.

변발이나 만두 같은 음식 등 다양한 원나라 문화가 고려에 전해졌다지.

기울어져 가는 고려

쌍성총관부는 원나라가 고려를 간섭하기 위해 함경도 영흥 북쪽에 세운 관청이에요. 공민왕은 쌍성총관부에서 원나라 세력을 몰아내기 위해 호시탐탐 기회를 노리고 있었어요. 그러한 의도를 눈치챈 이자춘은 공민왕을 만나 쌍성총관부를 되찾는 일을 돕겠다고 약속했어요. 1356년, 공민왕은 유인우와 공천보 등을 보내 쌍성총관부를 공격했어요. 이성계도 아버지를 도와 고려의 군사들을 도왔지요. 고려는 99년 만에 원나라에 빼앗겼던 영토를 되찾을 수 있었어요.

공민왕이 죽고 고려는 더욱 기울었어요

원나라는 고려의 정치에 참견하기 위해 원나라 공주와 왕족의 딸을 고려의 왕과 혼인시켰어요. 고려는 원나라의 사위의 나라가 된 것이지요. 공민왕의 아내인 노국 공주도 원나라 순종의 손자 위왕의 딸이었어요. 고려의 왕비가 된 다른 공주들과 달리, 노국 공주는 원나라에 반대하는 공민왕의 정책을 든든하게 지지해 주었어요. 두 사람이 서로 깊이 사랑하고 신뢰했기 때문이지요.

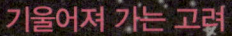

1365년, 노국 공주가 아기를 낳다가 죽고 말았어요. 공민왕은 슬픔에 빠져 3년 동안 고기반찬을 먹지 않았어요. 노국 공주가 묻힐 무덤을 직접 설계하고 그 옆에 자신의 무덤도 미리 만들어 놓았지요. 끝내 공민왕은 왕비를 잃은 슬픔을 극복하지 못했어요. 나랏일을 신돈과 신하들에게 맡기고 노국 공주를 그리워하며 술로 세월을 보냈어요. 나중에는 미친 사람처럼 포악한 행동을 하다가 가까운 신하들의 손에 목숨을 잃고 말았지요. 공민왕이 죽은 뒤 우왕이 왕위에 올랐으나 허수아비에 지나지 않았어요.

권문세족과 신진 사대부의 한판 싸움

최영이 권력을 잡았어요

고려를 새로운 나라로 만들고자 한 신진 사대부들의 꿈은 공민왕의 죽음으로 물거품이 되었어요.
고려는 안으로 왕이 죽는 혼란을 겪었고 밖으로는 북쪽의 홍건족과 남쪽의 왜구가 침략하는 어려움을 당했어요.
외적을 무찔러 큰 공을 세운 장수들이 백성들의 존경을 받았고 세력을 점점 키웠어요. 대표적인 사람이 최영과 이성계였어요.

기울어져 가는 고려

최영은 권문세족 집안에서 태어났지만 재물에 욕심을 부리지 않았어요. 1356년 원나라에 반대하는 공민왕의 뜻에 따라 고려의 서북면을 차지하고 있던 원나라 군대를 물리쳤어요. 다음 해에는 전라도 해안으로 몰려와 백성들을 괴롭히는 왜구를 내쫓았고, 원나라 군대를 피해 순식간에 평양까지 밀고 내려온 홍건족을 몰아냈어요.
공민왕이 죽은 뒤 이인임 일파가 우왕을 등에 업고 나라를 어지럽혔어요. 벼슬을 팔거나 백성들의 땅과 재물을 빼앗았지요. 최영은 이인임과 그 일당을 몰아내고 최고의 권력자가 되었어요.

남쪽을 침범하는 왜구를 물리쳤어요

고려 말 왜구가 침략하는 사건이 자주 일어났어요. 그 무렵 왜구는 해안가 백성들을 괴롭히는 좀도둑이 아니라 수백 척의 배에 군사들을 거느리고 침략했지요. 백성들이 두려워하여 해안가 마을이 텅 빌 지경에 이르렀어요. 왜구는 남해안은 물론이고 배를 타고 서해를 거슬러 강화도까지 올라와 개경까지 넘보았어요. 바다로 세금을 실어 나르는 배를 공격하여 나라의 살림이 어려워지기도 했답니다.

기울어져 가는 고려

우왕 때 왜구의 침략은 더욱 잦아졌어요. 1376년, 왜구가 충청도 부여까지 몰려와 백성들을 못살게 굴자 최영이 나서서 크게 물리쳤어요. 1380년에는 왜구가 더 많은 배를 몰고 서해안에 쳐들어왔어요. 최무선이 화포와 화약을 앞세워 왜구들이 타고 온 배를 박살 내 버렸어요. 왜구들은 약탈을 하며 내륙으로 달아나다 전라도 운봉에 이르렀어요. 이성계가 출동하여 왜구의 우두머리를 없애고 나머지 졸개들을 모조리 무찔렀어요. 그 전투를 '황산 대첩'이라 해요. 황산 대첩은 부여에서 승리한 최영의 '홍산 대첩'과 함께 고려 말 왜구를 크게 무찌른 전투예요.

명나라가 철령 북쪽 땅을 요구했어요

고려는 중국을 통일한 명나라와 처음부터 사이가 좋지 않았어요. 권문세족들에게 원나라를 무너뜨린 명나라가 달가울 리 없었지요. 게다가 친원파 김의가 명나라의 사신을 죽이는 일이 발생하기도 했어요. 그러자 명나라의 요구가 점점 늘어났어요. 말을 내놔라, 처녀를 보내라 하더니 나중에는 철령 북쪽 땅을 내놓으라고 엄포를 놓았지요. 철령 북쪽은 원나라의 쌍성총관부가 있었던 곳으로, 공민왕 때 고려의 군대가 되찾았어요.

기울어져 가는 고려

명나라는 이제 자기들이 중국의 주인이 되었으니 원나라가 관리하던 철령 북쪽 땅을 내놓으라는 것이었어요.

"원래 철령 북쪽의 땅은 우리 고려의 영토였다. 군사를 일으켜 싸우더라도 빼앗기지 않겠다."

최고 권력자 최영은 반대의 뜻을 분명히 했고, 몇몇 가까운 신하들을 불러 의견을 물었어요. 대부분 명나라의 요구를 들어주자고 했어요. 최영은 전체 회의를 열어 모든 신하의 의견을 묻기로 했어요. 이번에는 명나라에 철령 북쪽 땅을 돌려주지 말자는 의견이 많았어요.

이성계가 4불가론을 주장했어요

명나라는 고려의 의견을 무시하고 원나라의 쌍성총관부가 있던 자리에 철령위라는 지방 관청을 설치하려 했어요. 요동 지역의 군대를 보내 철령위를 지키겠다고 했지요. 우왕은 최영을 아버지처럼 믿고 따랐어요. 명나라와 싸울 것을 주장하는 최영의 말을 따를 수밖에 없었지요. 1388년 3월, 우왕은 명나라의 요동을 공격하기 위해 전국에 군사를 모았어요. 백성들은 왜구와 여진족의 노략질로 고통을 겪고 있었어요. 또 전쟁에 나오라는 말에 원성이 터져 나왔고 나라 안이 어수선해졌어요.

첫째, 작은 나라가 큰 나라를 거스르고
둘째, 여름에 군사를 모으는
셋째, 우리 군사가 명나라를
넷째, 장마철에는 활을

그때 백성들의 마음을 대신하듯 이성계가 네 가지 근거인 4불가론을 들어 전쟁에 반대했어요.

"첫째, 작은 나라가 큰 나라를 거스르는 것은 옳지 못합니다. 둘째, 여름에 군사를 모으는 것은 옳지 못합니다. 셋째, 우리 군사가 명나라 군대와 싸우는 사이 왜적이 쳐들어올 수 있으니 옳지 못합니다. 넷째, 장마철에는 활을 붙인 아교가 풀어지고 전염병이 돌 수 있으니 옳지 못합니다."

위화도에 이르러 말 머리를 돌렸어요

최영은 이성계의 의견을 받아들이지 않았어요. 바쁜 농사철에 전국에서 5만여 명의 군사를 모았어요. 그리고 1388년 5월, 조민수와 이성계를 장군으로 삼아 요동으로 보냈어요. 최영은 개경에 남아 달라는 우왕의 부탁으로 전쟁에 참여하지 않았어요.

고려의 군대는 요동을 향해 나아갔어요. 하지만 압록강에 있는 위화도라는 섬에 이르러서는 앞으로 나아갈 수 없었어요. 장마철이라 비가 장대처럼 쏟아졌고, 땅은 발을 옮길 수 없는 진흙탕으로 변했거든요.

기울어져 가는 고려

이성계는 지금이라도 전쟁을 그만두어야 한다는 편지를 우왕에게 보냈어요. 돌아온 대답은 계속 나아가라는 명령이었어요. 분노에 찬 군사들을 보며 이성계는 고민에 빠졌어요. 요동까지 가는 동안 군사들은 싸워 보지도 못하고 지쳐서 쓰러질 것이 뻔했어요. 권력을 지키기 위해 백성들을 죽음으로 내모는 임금은 더 이상 필요 없었어요. 이성계는 조민수를 설득하여 말 머리를 개경으로 돌렸어요. 이 사건을 우리 역사에서 '위화도 회군'이라고 한답니다.

마지막 임금으로 공양왕을 세웠어요

개경으로 돌아온 이성계의 군대는 최영의 군대와 한바탕 전투를 벌였어요. 대부분의 군대를 이성계가 데리고 있었기 때문에 싸움은 싱겁게 끝났어요. 이성계는 최영을 경기도 고봉현으로 귀양 보냈어요. 얼마 후 요동 정벌의 죄를 물어 사형시켰지요.

"내게 죄가 있다면 내 무덤에 풀이 날 것이나, 죄가 없다면 풀 한 포기 나지 않을 것이다."

최영은 죽는 순간까지 억울하다고 주장했어요. 그런데 정말 최영의 무덤에는 풀이 나지 않아 붉은 흙이 그대로 드러났어요.

고려의 끝이 보이는구나….

기울어져 가는 고려

우왕도 강화도로 쫓겨났고, 아홉 살짜리 어린 창왕이 왕위에 올랐어요. 우왕은 최영의 조카인 김저와 함께 이성계를 죽이려다 발각되어 강릉으로 쫓겨나 목숨을 잃었어요. 이성계는 창왕마저 강화도로 내쫓아 버리고, 고려 제20대 왕 신종의 자손인 왕요를 왕의 자리에 앉혔어요. 그 사람이 바로 고려의 마지막 임금 공양왕이에요.
모든 권력은 이성계와 그 부하들에게 넘어갔고, 공양왕은 빈자리를 지키는 허수아비에 불과했어요.

나는 아무 생각이 없다. 왜냐하면 아무 생각이 없기 때문이다.

우왕과 창왕이 쫓겨난 까닭은?

우왕은 공민왕의 아들이에요. 우왕을 낳은 반야는 신돈의 여종이었지요. 노국 공주를 잃고 슬픔에 빠졌던 공민왕이 신돈의 집에 드나들다가 반야를 만나 아들을 낳은 것으로 알려졌어요. 무슨 일인지 공민왕은 아들이 있다는 사실을 숨기고 있다가 신돈이 권문세족에게 밀려 수원으로 귀양 갔을 때 궁궐로 불러들였어요. 그로 인해 우왕이 공민왕의 아들이 아니라 신돈의 아들이라는 말이 세상 사람들 사이에 떠돌았지요.

소문을 잘 이용하면 되겠어.

글쎄, 우왕이 승려의 자식이래.

위화도 회군 이후, 우왕은 아들인 창왕에게 왕위를 물려주고 쫓겨났어요. 나중에 자신을 쫓아낸 이성계를 없애려다 창왕도 쫓겨났고, 두 사람 모두 죽임을 당하고 말았지요. 하지만 아무리 고려 최고의 권력자라 해도 이성계는 우왕과 창왕을 쉽게 제거할 수 없었어요. 백성들의 눈치가 보였기 때문이에요. 그래서 이성계는 우왕과 창왕이 공민왕의 아들이 아니라고 주장했어요. 처음부터 왕이 될 수 없는 사람들이라는 것이지요. 그 뒤로 우왕과 창왕을 신돈의 자손이라며 신우, 신창이라 부르도록 했어요.

고려인가, 새로운 나라인가?

고려를 지키려는 사람들

최영이 죽은 뒤 친명파인 신진 사대부들이 권력을 잡았어요. 대표적인 신진 사대부는 정몽주, 조준, 남은, 정도전 등이었어요. 모두 성리학을 공부한 학자들이었고 새로운 세상을 만들고자 했어요. 그러나 신진 사대부들의 생각에는 차이가 있었어요. 정몽주는 고려를 그대로 둔 채 개혁하려는 온건파였고, 조준·남은·정도전은 이성계를 중심으로 새로운 나라를 세우려 한 강경파였어요. 강경파는 좋은 말로 정몽주를 구슬리고 달랬으나 뜻을 꺾을 수 없었어요.

기울어져 가는 고려

정몽주는 최고의 학자로 인정받을 만큼 학문 실력이 뛰어났어요. 벼슬을 하는 동안 뛰어난 능력을 여러 번 보여 주었어요. 명나라와 평화로운 외교 관계에 힘썼고, 백성을 괴롭히는 지방 관리들을 혼내 주었으며, 흉년에 의창을 세워 굶어 죽어 가는 사람들의 목숨을 구했어요. 정몽주는 백성들의 존경을 한 몸에 받았어요. 그리고 정몽주와 뜻을 함께하는 학자들이 가까이 모여들었어요. 강경파들도 정몽주를 쉽게 무시할 수 없었지요.

★**의창** 곡식을 모아 두었다가 흉년이나 비상 상황에 백성들에게 빌려주던 곳이에요.

정몽주를 선죽교에서 죽였어요

그 무렵 이성계가 황해도 해주에서 사냥하다가 말에서 떨어졌어요. 이성계가 개경 밖에 머무는 틈을 타서 정몽주는 이성계와 가장 가까운 조준부터 없애려 했지요. 이를 눈치챈 이성계의 다섯째 아들 이방원은 급히 아버지를 개경으로 모셔 왔어요. 정몽주가 이성계를 문병하러 왔을 때, 이방원은 마지막으로 정몽주의 마음을 알아보려고 '하여가'를 읊었어요. 정몽주는 끝까지 고려를 지키겠다는 충성심을 담아 '단심가'로 대답했지요.

고려는 이제 한물갔다고.

기울어져 가는 고려

이방원은 정몽주가 나가자마자 부하인 조영규를 선지교로 보냈어요.
조영규는 말을 타고 가는 정몽주를 쇠몽둥이로 내리쳐 죽였어요.
정몽주의 피가 흩어진 다리 주변에 참대나무가 자라났어요.
그때부터 선지교를 선죽교라 부르게 되었지요. 신진 사대부들은
정몽주가 나라를 어지럽혀 죽일 수밖에 없었다고 공양왕에게
보고했어요. 그리고 정몽주를 따르는 신하들에게 죄를 뒤집어씌워
죽이거나 귀양 보냈어요.

고려를 이어받았어요

이성계가 왕위에 오르는 것을 더 이상 반대할 세력이 없었어요. 창왕이 쫓겨났을 때 이미 강경파들은 이성계를 왕으로 만들려고 했어요. 그러나 이성계가 따르지 않아 대신 공양왕을 세웠던 거예요. 든든한 울타리였던 정몽주가 사라지자 공양왕은 엄청난 두려움을 느꼈어요. 어느 날 조용히 이방원을 불러 이성계와 동맹을 맺겠다는 제안을 했어요. 동맹은 나라와 나라끼리 맺는 약속이므로 임금과 신하 사이에는 어울리지 않는 말이었어요. 그만큼 공양왕은 이성계와 강경파가 두려웠던 거예요.

기울어져 가는 고려

이성계와 공양왕의 동맹은 오래가지 않았어요. 1392년 7월, 이성계는 공양왕을 내쫓고 왕위에 올랐어요. 정몽주가 죽고 나서 3개월 만이었지요. 처음에는 고려라는 나라 이름을 계속 사용했고, 개경에서 도읍을 옮기지도 않았어요. 또한 고려의 법과 제도를 그대로 이어받았어요. 이성계가 왕의 자리를 강제로 빼앗은 것이 아니라 공양왕이 양보한 것처럼 보이도록 해서 백성들의 마음을 얻으려는 방법이었지요.

실록 배움터

고려 왕족들은 어떻게 되었을까?

고려는 474년 만에 끝났어요. 모두 34명의 왕이 있었지요. 마지막 임금인 공양왕은 처음에 강원도 원주로 귀양을 갔다가 더 멀리 고성으로 쫓겨 갔어요. 2년 뒤 삼척의 고갯길에서 아들과 함께 목숨을 잃고 말았지요. 길가에 버려져 있는 시신을 고려의 신하였던 함부열이 거두어 묻어 주었다고 해요. 태종 이방원은 나중에 공양왕을 다시 임금으로 회복시켜 주었고, 경기도 고양에 능을 만들어 주었어요.

왕씨의 고려 시대는 가고 이씨의 조선 시대가 왔구나!

한편 이성계는 고려의 왕족인 왕씨들을 모두 없애려 했어요. 어느 날 왕씨 성을 가진 사람들에게 모두 강화도에 모이라는 명을 내렸어요. 그곳에서 편안하게 모여 살라는 것이었지요. 혹시 죽을지도 모른다는 두려움에 떨고 있던 왕씨들은 강화도로 가는 배에 올랐어요. 그러나 배에는 구멍이 나 있었고 사람들은 모두 바닷물에 빠져 죽고 말았어요. 살아남은 왕씨들은 성을 옥씨, 전씨, 용씨로 바꾼 뒤 깊은 산속에 들어가 숨어 살았어요.

실록 놀이터

고려의 멸망과 조선의 건국 과정을 나타낸 아래 그림을 보고 역사적 사건들이 일어난 순서대로 번호를 적고, 빈칸에 자신만의 이야기를 만들어 보세요.

◯

◯

이성계는 개경의 수창궁에서 왕위에 오르는 의식을 치렀어요. 백성들은 그대로이고 단지 임금이 왕씨에서 이씨로 바뀌었을 뿐이지만, 나라 안에 새로운 바람이 불어왔어요.
오랫동안 백성들은 힘겨운 삶에서 벗어나기 위해 세상의 변화를 간절히 바랐어요.
그런 가운데 힘없는 고려의 임금이 물러나고 새 나라의 강력한 임금이 들어선 거예요.
백성들은 이제 이성계와 신진 사대부에게 희망을 품을 수밖에 없었지요.

활기찬 아침의 나라

새 역사를 시작한 조선

새로운 나라를 세웠어요

조선은 신진 사대부의 나라였어요. 신진 사대부들은 성리학의 가르침에 따라 나라를 다스리고자 했어요. 성리학이란 중국 송나라 때 주희가 새롭게 해석한 유학의 한 갈래예요. 가정과 나라를 다스릴 때 예의를 기준으로 삼고, 신분에 따른 역할과 질서를 강조했어요. 성리학에서 정치의 목적은 백성들의 평화로운 삶이었어요. 왕이라 해도 학문을 열심히 닦아야 했고, 마음대로 권력을 휘두를 수 없었으며, 신하들의 견제를 받아야 했어요.

활기찬 아침의 나라

새 나라 탄생

신진 사대부들은 고려와 다른 새로운 나라를 만들고 싶었어요. 백성들을 혼란스럽게 하지 않으려고 고려를 그대로 이어받았지만 여러모로 자신들의 뜻과 맞지 않았어요. 가장 큰 차이는 고려는 불교 국가였고, 새 나라는 유교를 바탕으로 세워졌다는 점이에요.

우선 신진 사대부들은 나라 이름부터 바꾸어야겠다고 생각했어요. 또한 개경은 500년 가까이 고려의 도읍이었어요. 반대 세력이 많이 남아 있기 때문에 새 나라의 도읍으로 알맞지 않았어요.

공을 세운 신하들에게 상을 내렸어요

새 나라가 일어서는 데 방해한 사람들은 귀양을 가거나 죽임을 당했고, 반대로 힘써 도운 사람들은 큰 상을 받았어요. 공을 세운 신하를 공신이라 하고, 특히 나라를 세운 신하를 개국 공신이라고 해요. 공신을 임명하는 까닭은 충성에 대해 보답하여 왕권을 튼튼하게 하려는 것이에요. 상으로 넓은 땅과 많은 노비를 내렸으며, 그런 땅을 공신전이라 한답니다. 이성계가 왕위에 오를 수 있게 도운 신진 사대부와 무인들이 개국 공신에 임명되었어요.

나를 도와 새 나라를 세우는 데 큰 공을 세웠기에 땅과 노비를 내려 주노라.

활기찬 아침의 나라

공신들 가운데 신진 사대부는 정탁, 남은, 정도전 등이었어요. 대부분 충청도, 전라도, 경상도 출신이었어요. 그에 비해 황해도와 평안도 사람들은 거의 없었어요. 고려의 도읍인 개경과 가까워 새 나라의 건국에 반대하는 권문세족들이 많이 살았기 때문이에요. 조상 때부터 이성계가 살았던 함경도의 여러 무인들도 공신에 임명되었어요. 무인들 중에는 여진족 출신 이지란, 중국에서 넘어온 이민도, 설장수 등 외국인도 있었어요.

나라의 이름을 조선으로 정했어요

이성계는 왕위에 오른 뒤 명나라에 사신을 보내 나라 이름을 바꾸겠다고 보고했어요. 명나라는 스스로를 문화 대국이라 생각했고, 친명파인 신진 사대부들은 명나라를 성리학이 생겨난 스승의 나라로 떠받들었어요. 그래서 나라의 중요한 일은 명나라 황제의 허락을 꼬박꼬박 받아야 했지요. 명나라에서 허락이 떨어지자 이성계는 신하들에게 새 나라의 이름을 정하라는 명을 내렸어요.

활기찬 아침의 나라

오랜 회의 끝에 신하들의 의견은 '조선'과 '화령'으로 모아졌어요. 조선은 단군 조선과 기자 조선의 뒤를 이었다는 뜻을 담았고, 화령은 이성계와 그의 조상들이 살았던 함경도 영흥의 옛 이름이었어요.

명나라는 새 나라의 이름으로 조선을 선택했어요. 중국의 역사책에 단군 조선 이후 중국의 황제가 기자를 고조선의 왕으로 임명하여 다스리게 했다는 기록 때문이에요. 기자는 중국 고대 국가인 은나라의 어진 선비였어요.

1393년, 이성계는 새 나라의 이름을 조선으로 결정했어요.

북악산 아래 지은 경복궁

새로운 도읍을 찾아 떠났어요

정도전과 무학 대사는 태조에게 다른 곳으로 도읍을 옮겨야 한다고 주장했어요. 개경은 땅의 기운이 다했으니 새로운 곳에 뿌리를 내려야 한다는 것이었지요. 태조의 입에서 새 도읍을 찾아보라는 명령이 떨어졌고, 첫 번째 후보는 충청도 계룡산 신도안이었어요. 그러나 신도안은 땅이 좁고 교통이 나쁘다고 하륜이 반대하여 다른 곳을 찾기로 했어요. 두 번째 후보는 지금의 서울인 한양이었어요.

새 도읍지로 한양만 한 곳이 없군요.

활기찬 아침의 나라

한양은 삼국 시대 때 백제의 도읍이었고, 고려 시대에는 궁궐을 짓기도 했어요. 높은 산이 우뚝우뚝 솟았고 한강이 길게 흘러 명당 중의 명당이었어요. 특히 통일 신라 시대 말 풍수지리에 밝았던 승려 도선이 다음과 같은 예언을 남긴 곳이에요.

"한양은 전국의 좋은 기운이 모여드는 명당이다. 언젠가 나라가 바뀌면 반드시 도읍이 들어설 것이다. 그리고 도읍의 주인은 이씨가 될 것이다."

★**풍수지리** 땅의 성격과 경치, 방향 등을 파악하여 좋은 터전을 찾는 걸 말해요.

한양을 도읍으로 정했어요

태조는 신하들을 보내 한양의 형세를 살펴보게 했어요. 모두 한양이 도읍으로 적합하다고 했으나 궁궐을 지을 터를 두고 의견이 엇갈렸어요. 하륜은 지금의 연희동인 모악산 아래가 좋다고 했고, 정도전은 북악산 아래, 무학 대사는 인왕산 아래가 알맞다고 주장했어요. 모악산 아래는 궁궐을 짓기에 터가 매우 작고 좁았으므로 가장 먼저 제외되었어요.

인왕산 대 북악산, 과연 궁궐은 어디에 세워질까요?

"왕은 남쪽을 향해 앉아야 하는데 인왕산 아래 궁궐을 지으면 왕이 동쪽을 바라보게 됩니다. 그러므로 궁궐을 북악산 아래 지어야 합니다."
정도전의 말에 무학 대사도 순순히 물러서지 않았어요.
"북악산에서 마주 보이는 관악산은 불기운이 몹시 강합니다. 북악산 아래 궁궐을 지으면 나라에 궂은일이 많이 일어날 것입니다."
정도전은 관악산의 불기운을 한강이 막아 줄 것이라고 주장했고, 결국 궁궐터는 북악산 아래로 결정되었어요.

성을 쌓고 궁궐을 지었어요

궁궐터가 결정되자 태조는 한양으로 도읍을 옮겼어요. 궁궐이 완성되기 전이었으므로 한양부 관청을 임시 궁궐로 삼았어요. 먼저 왕의 조상들의 위패를 모신 종묘가 완성되었고 거의 동시에 경복궁이 지어졌어요. 열 달 만에 한양은 도읍의 모습을 갖추었어요. 그리고 북악산, 인왕산, 낙산, 남산을 연결하는 성곽을 쌓고 동서남북에 네 개의 대문을 만들었어요. 처음에는 승려들을 불러 일을 시켰고, 추수가 끝나기를 기다려 농민들도 공사에 참여하도록 했어요.

경복궁에는 임금이 덕으로써 나라를 다스려 만년 동안 복을 누리라는 뜻이 담겨 있단다.

활기찬 아침의 나라

경복궁은 조선의 첫 번째 궁궐이에요. 조선이 건국된 지 4년 만에 완성되었어요. 큰 복을 내린다는 뜻의 이름을 지은 사람은 정도전이에요. 경복궁은 정문인 광화문을 비롯한 네 개의 문, 임금이 중요한 행사를 치르는 근정전, 왕실의 잔치를 여는 경회루, 왕이 머무는 강녕전, 왕비의 공간인 교태전 등으로 이루어졌어요. 관악산에서 뻗어 나오는 불의 기운을 막기 위해 궁궐 앞에 불을 먹는다는 전설의 동물 해태 석상을 세웠어요.

사대문 이름은 유교 덕목인 '인의예지'에서 따왔지.

조선 건국을 도운 무학 대사

무학 대사는 1327년 경상도 합천에서 가난한 평민의 아들로 태어났어요. 그의 부모는 왜구에게 끌려갔다 탈출하여 충청도의 안면도라는 섬에 정착하여 갈대로 삿갓을 만들어 팔며 살았지요. 18세에 승려가 된 무학 대사는 공부를 잘하여 원나라로 유학을 떠났다가 공민왕의 스승인 승려 나옹의 제자가 되었어요. 나중에 공양왕이 무학 대사를 스승으로 모시려 했으나 응하지 않았어요.

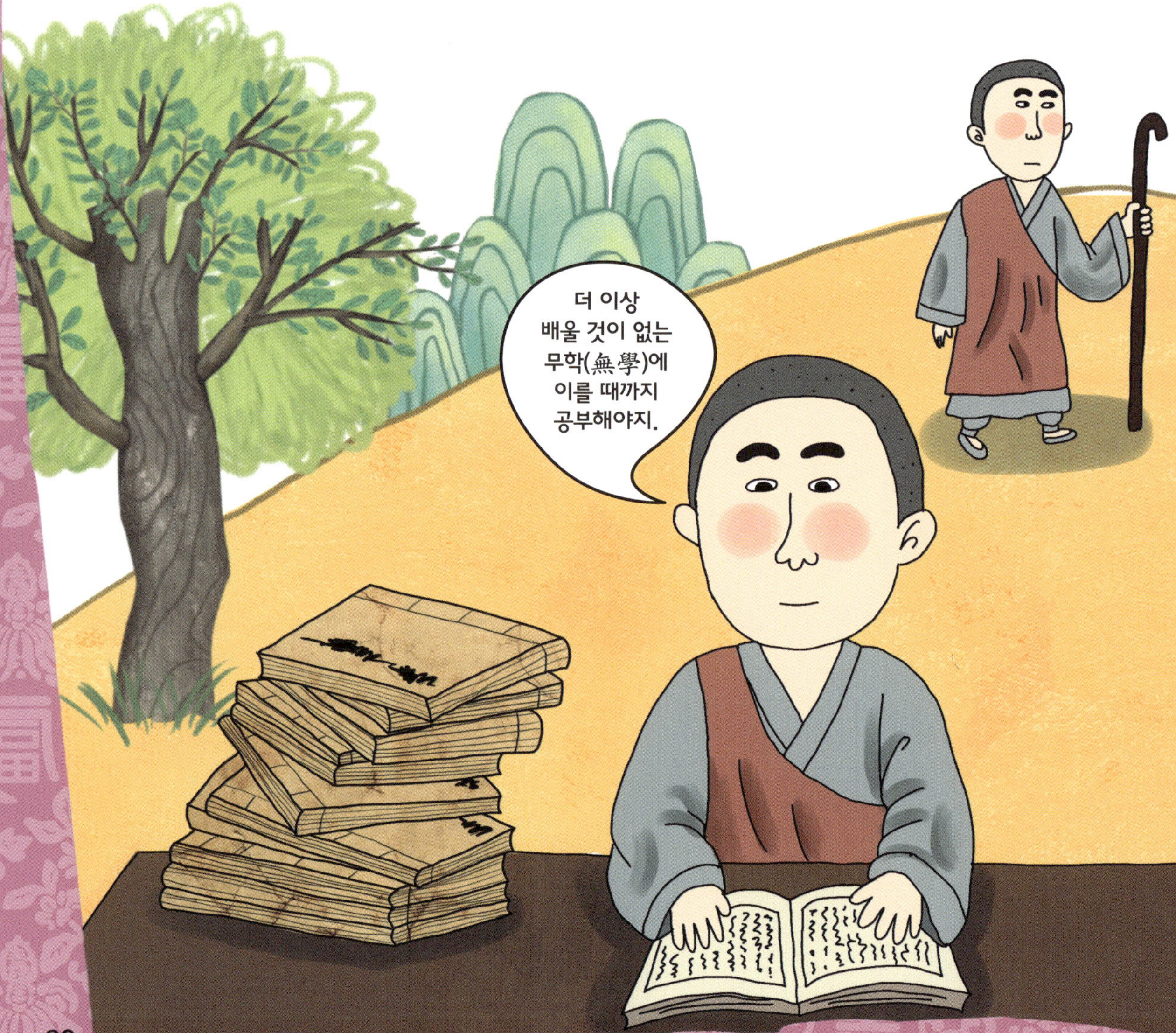

더 이상 배울 것이 없는 무학(無學)에 이를 때까지 공부해야지.

하루는 이성계가 허물어져 가는 집에서 서까래 세 개를 짊어지고 나오는 꿈을 꾸었어요. 서까래는 지붕을 받치는 기다란 나무예요. 보통 꿈이 아니라고 생각한 이성계는 함경도 안변에 머무르던 무학 대사를 찾아가 꿈 얘기를 들려주었어요. 무학 대사는 사람이 서까래 세 개를 짊어진 모양은 임금 왕(王) 자와 같다고 대답했어요. 앞으로 이성계가 나라를 세우고 임금이 된다는 뜻이지요.
무학 대사의 말에 큰 깨달음을 얻은 이성계는 마음속에 품은 건국의 꿈을 더욱 활기차게 펼쳐 나갔어요.

신진 사대부가 꿈꾼 새로운 나라

조선은 성리학의 나라예요

고려를 세운 태조 왕건은 불교를 나라의 종교로 삼았어요. 왕자와 귀족들을 절로 보내 승려로 만들기도 했어요. 도읍인 개경에는 큰 절이 들어섰지요. 고려 후기, 성리학을 공부한 신진 사대부는 불교로 인해 나라가 기울었다고 생각했어요. 뿐만 아니라 불교를 사람들의 약한 마음을 이용하여 승려들의 배만 불리는 거짓된 종교라고 비판했어요.

활기찬 아침의 나라

성리학에 따르면 세상은 완벽한 '이'와 불완전한 '기'로 이루어졌어요. '이'는 사람의 정신인 '성'과 관련이 있어요. 성과 이를 합쳐 성리학이라 한답니다. '기'는 형체를 이루지요. 사람이 불완전한 까닭은 '기' 때문이에요. 집안과 나라를 완벽하게 다스리려면 성리학을 부지런히 갈고닦아야 해요.
신진 사대부는 성리학을 제외한 다른 학문과 종교를 거부했어요. 성리학을 공부한 신진 사대부가 나라를 다스리는 것을 당연하게 생각했지요.

〈조선경국전〉을 펴냈어요

무학 대사와 함께 이성계를 왕으로 만드는 데 큰 공을 세운 정도전은 고려 말 최고의 성리학자인 이색의 제자로, 신진 사대부를 대표하는 인물이에요. 이색의 제자들은 대부분 새 나라의 탄생을 반대했으나 정도전만 적극적으로 참여했어요. 정도전은 이성계에게 왕이 도리를 다하지 못하면 백성들이 다른 왕으로 바꿀 수 있다는 성리학의 가르침을 강조했어요. 새 나라를 세워 백성들이 잘 살 수 있도록 훌륭한 임금이 되라는 뜻이었지요.

조선이 건국되자 정도전은 성리학의 가르침을 실천할 수 있는 나라를 만들고자 했어요. 우선 나라를 다스리는 데 기본이 되는 법칙을 정리한 〈조선경국전〉을 태조에게 올렸어요. 서론에서는 어진 정치를 해야 한다는 점을 나타냈고, 본론에서는 성리학의 가르침에 따라 나랏일과 관련된 각 관청과 벼슬아치들이 해야 할 일과 태도를 자세히 적었어요. 〈조선경국전〉은 성종 때 완성된 최고의 법전인 〈경국대전〉의 바탕이 되었어요.

성균관을 지었어요

성균관은 한양에 세운 국립 대학이에요. 국립 대학은 조선 시대에 처음 만들어진 것이 아니고 고려와 삼국 시대에도 있었어요. 고구려의 태학, 신라의 국학, 고려에서는 국자감이라 불렀지요. 고려의 국자감은 유학자뿐 아니라 천문, 산학, 법률 등의 기술과 관련된 학자들을 길러 냈어요. 국자감은 고려 말인 충선왕 때 성균감으로 바뀌었어요. 공민왕은 성균감에서 기술 학문을 빼고 유학만 가르치도록 했지요.

조선 최고의 교육 기관인 성균관에서 열심히 공부하여 나라에 도움이 되길 바란다.

활기찬 아침의 나라

태조는 도읍을 옮긴 뒤 한양 도성 안에 성균관을 짓도록 했어요. 유학의 시조인 공자를 모시는 대성전, 학문을 연구하는 명륜당, 학생들의 숙소인 동재와 서재 등의 건물로 이루어졌어요. 최고 책임자는 대사성이었고, 과거 시험에 합격한 선비들이 입학할 수 있었어요. 성균관 유생들은 공부뿐만 아니라 재회라는 학생들의 모임을 통해 나라의 잘못을 바로잡기도 했어요. 성균관은 500여 년 동안 조선을 이끌어 갈 수많은 인재를 배출했어요.

숭유억불 정책을 펼쳤어요

조선을 세우고 권력을 잡은 신진 사대부들은 숭유억불, 곧 유교를 높이고 불교를 억누르는 것을 나라의 이념으로 내세웠어요. 신진 사대부들은 태조에게 불교를 비판하는 상소를 올렸어요. 원래 승려들은 욕심 없이 깊은 산속에서 도를 닦았어요. 그런데 언젠가부터 도시로 나와 고래 등 같은 절을 지었으며, 죄를 지으면 죽어서 큰 벌을 받는다는 말로 사람들에게 겁을 주어 재물을 빼앗는다는 것이었어요. 신진 사대부들은 고려가 망한 가장 큰 이유가 불교 때문이라고 생각했어요.

태조는 신진 사대부들의 의견을 대부분 존중하고 받아들였지만 불교를 억눌러야 한다는 주장은 쉽게 따르지 않았어요. 무학 대사는 자신의 그림자 같은 존재였고, 왕비와 궁궐 안의 여인들이 불교를 깊이 믿었기 때문이에요. 태조는 조상의 제사를 개경의 광명사에서 불교 방식으로 지냈고, 무학 대사를 위해 전국 여러 곳에 절을 지어 주었어요. 불교를 비판하는 신하들의 목소리는 태조가 죽은 뒤에도 계속 이어졌어요.

과전법을 실시했어요

고려가 무너진 원인 가운데 하나는 권문세족이 많은 땅을 소유했기 때문이에요. 그로 인해 백성은 살기 힘들고 나라 살림이 어려워진 것이지요. 공민왕 때 전민변정도감을 만들어 잘못된 점을 바로잡으려 했으나 권문세족의 반대에 부딪혀 성공하지 못했어요.

신진 사대부들은 이성계와 함께 권문세가를 몰아내고 권력을 차지하게 되자 점차 토지 제도를 바꾸어 나갔어요. 그리고 새로운 토지 제도를 공식적으로 선포했어요. 그것이 바로 '과전법'이랍니다.

과전법은 벼슬의 높고 낮음에 따라 현재의 관리에게만 땅을 알맞게 나누어 주는 제도였어요. 관리가 죽었는데 자식이 어릴 경우, 아내 혼자 남아 수절할 경우를 제외하고는 자손들에게 땅을 물려줄 수 없었어요. 또한 농사를 짓는 농민도 자기 땅을 소유할 수 있었어요. 그 대신 나라에 세금을 정확하게 내야 했지요. 과전법으로 일부 지배층이 많은 토지를 소유하는 것을 막을 수 있었으나 완벽한 방법은 아니었어요.

신분 제도를 정했어요

조선이 들어선 뒤 나라가 평화로워지자 인구가 늘어났어요. 조선 초기 인구는 500만에 이르렀고 군대의 병력이 30만여 명이었어요. 산속으로 달아났던 전라도와 경상도 해안가 백성들이 자기 고을로 돌아왔고, 명나라에 쫓겨난 북쪽 여진족들이 함경도와 평안도로 넘어왔어요. 불교 탄압으로 인해 많은 승려와 노비, 백정도 강제로 일반 백성인 양민이 되었어요. 양민은 세금을 내는 사람들이에요. 신진 사대부는 양민이 많아야 나라가 안정된다고 생각했지요.

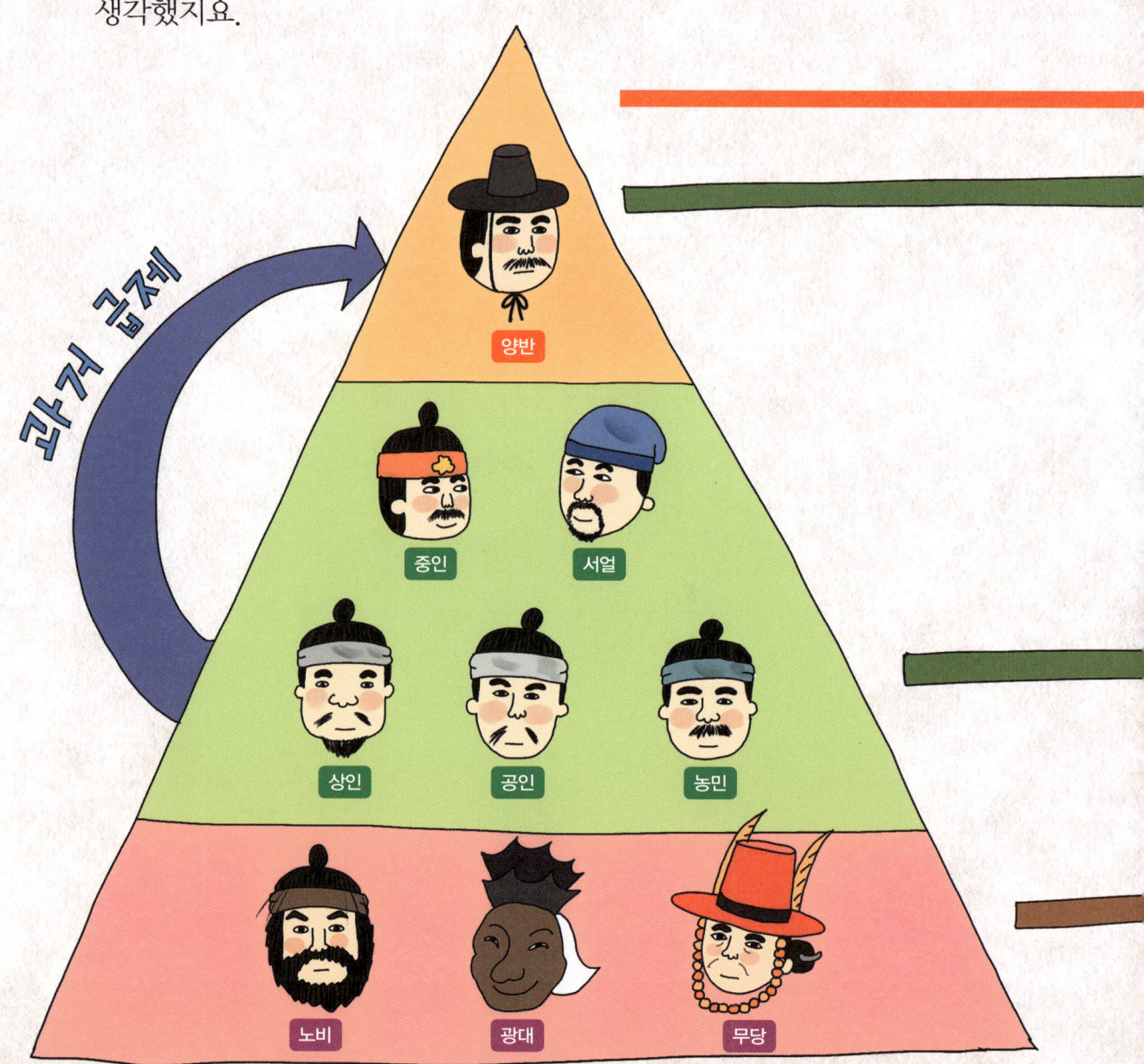

조선은 늘어난 인구를 크게 양민과 천민으로 나누었어요. 양민은 양반, 농민, 공인, 상인, 서얼과 중인이에요. 양반은 조선의 지배층이라 할 수 있어요. 문과에 급제한 문반과 무관에 급제한 무반을 아울러 일컫는 말이지요. 서얼은 첫 번째 부인 이외의 나머지 부인이 낳은 자식이고, 중인은 지방 관청에서 원님을 도와 고을 일을 하는 아전, 의원, 역관 등 낮은 관리예요. 조선 초기에는 비교적 신분 이동이 자유로워 농민도 과거에 급제하면 양반이 될 수 있었어요. 천민은 노비, 광대, 무당 등 천인 집단이랍니다.

→ 지배층

양민

→ 천민

조선 시대 역시 고려 시대와 마찬가지로 신분제 사회야.

첫 번째 왕자의 난

이성계는 여덟 명의 왕자를 두었어요

이성계의 첫 번째 부인은 신의 왕후 한씨였어요. 젊은 시절 이성계가 벼슬을 시작하기 전에 영흥에서 만난 평범한 집안의 딸이었어요. 둘 사이에 방우, 방과, 방의, 방간, 방원, 방연 여섯 아들과 경신, 경선 두 딸을 두었지요. 큰아들 방우와 막내아들 방연은 조선이 세워지고 나서 얼마 후 세상을 떠났어요. 신의 왕후도 왕비의 자리에 앉아 보지 못한 채 55세의 나이로 죽었어요. 이성계가 조선을 세우기 1년 전이었지요.

두 번째 부인 신덕 왕후 강씨는 신의 왕후와 달리 고려 시대에 높은 벼슬을 한 강윤성의 딸이었어요. 권력을 가진 집안에서 태어난 신덕 왕후는 이성계가 나라를 세우는 데 큰 도움이 되었어요. 남편이 하는 일을 적극적으로 도왔고 조선이 건국된 뒤 당당하게 왕비가 되었지요. 이성계도 신덕 왕후를 신뢰했고 깊이 사랑했어요. 강씨는 방번, 방석 두 아들과 딸 하나를 낳았어요.

막내아들 방석을 세자로 삼았어요

왕이 된 태조는 급히 세자를 정해야 했어요. 임금의 자리는 잠시도 비워 둘 수 없는 것이었어요. 세자란 다음 왕이 될 왕자를 말해요. 보통 왕비가 낳은 첫 번째 아들이 세자가 되었어요. 왕비에게 아들이 없을 경우, 왕의 두 번째 또는 세 번째 부인인 후궁의 아들로 세자를 삼기도 했지요. 신하들은 조선을 세우는 데 공이 큰 방원을 세자로 삼아야 한다고 주장했어요. 무슨 까닭인지 태조는 막내아들 방석을 세자로 삼았어요.

활기찬 아침의 나라

방석이 세자가 된 데는 신덕 왕후 강씨의 영향이 크게 작용했어요. 원래 신덕 왕후는 자기가 낳은 두 아들 가운데 큰아들 방번을 세자로 삼아 달라고 간청했어요. 태조가 방번을 세자로 책봉하려 하자 이방원을 따르는 신하들의 반대가 심했어요. 고민하던 태조는 나이가 어리지만 똑똑하다고 널리 알려진 방석을 세자로 정했어요. 이방원을 비롯한 나머지 왕자들은 속이 부글부글 끓었지만 어쩔 수 없었지요.

방석의 뒤에 정도전이 있었어요

태조는 나이가 들수록 신덕 왕후를 의지했어요. 젊고 총명하며 판단력이 뛰어났거든요. 신덕 왕후는 욕심도 많았어요. 자기 아들을 다음 임금으로 만들기 위해 일찌감치 신진 사대부들과 손을 잡았어요. 그중에서 특히 정도전과 매우 가깝게 지냈지요. 정도전은 왕은 배, 신하는 강물이라 주장했어요. 강물이 배를 뒤집듯 언제든 왕은 신하들에 의해 바뀔 수 있다는 것이었지요. 그는 다음과 같이 서슴없이 말하곤 했어요.

"이성계가 나를 이용해 왕이 된 것이 아니라, 내가 이성계를 이용해 나라를 세운 것이다."

삼봉 대감만 믿겠습니다.

활기찬 아침의 나라

방석에게 세자 자리를 빼앗긴 이방원의 불만은 엄청났어요. 이방원은 태조의 여러 아들 가운데 가장 강하고 용감했어요. 어릴 때부터 아버지와 함께 전쟁터를 누볐고, 아버지의 앞길을 방해하는 사람들을 가만두지 않았어요. 많은 사람이 이방원이 세자가 될 것이라고 생각했어요. 방석의 뒤에 정도전이 있다는 사실을 알게 된 이방원은 복수의 칼을 갈았어요.

첫 번째 왕자의 난이 일어났어요

정도전도 가만있지 않았어요. 세자 자리를 빼앗긴 이방원의 공격에 대비할 필요성을 느꼈지요. 또한 왕의 나라가 아닌 신진 사대부의 나라를 만들려면 이방원처럼 막강한 왕자는 미리 싹을 잘라야 했어요. 정도전은 심효생과 남은의 집에 모여 이방원을 어떻게 없앨지 논의했어요. 태조가 몸이 아프다는 점을 이용하여 이방원과 신의 왕후 한씨가 낳은 왕자들을 궁궐로 불러들인 뒤 모조리 죽이기로 했어요.

정도전, 뜨거운 맛 좀 봐라.

활기찬 아침의 나라

그 사실을 미리 눈치챈 이방원은 자기 군사들을 보내 남은의 집을 에워쌌어요. 이웃집에 불을 지른 뒤 놀라서 뛰어나오는 정도전의 부하들을 다 잡아 죽였어요. 정도전은 허겁지겁 다른 집으로 달아났다 붙잡혀 죽었어요. 이방원은 궁궐에 들어가 군사들을 손에 넣은 뒤 자객을 보내 세자 방석과 방번을 죽였어요. 정도전과 세자 방석을 죽이고 이방원이 권력을 잡은 사건을 '첫 번째 왕자의 난'이라 해요.

실록 배움터

왕자의 난을 일으킨 사람은 누구일까?

이방원과 정도전은 물과 기름처럼 하나가 될 수 없었어요. 어차피 두 사람 가운데 하나는 역사에서 사라져야 할 운명인 셈이지요. 앞서 살펴본 대로, 〈태조실록〉에는 정도전이 이방원을 경복궁으로 불러들여 없애려 했다고 적혀 있어요. 하지만 오늘날 학자들은 이방원이 먼저 정도전을 공격했을 것이라고 주장해요. 그런 주장에는 몇 가지 근거가 있어요.

첫째, 정도전이 아무리 큰 권력을 잡았다 해도 태조 이성계의 허락 없이 궁궐 안에서 왕자들을 죽이는 것은 불가능한 일이에요. 둘째, 이방원의 공격을 받고 정도전 일파는 반항조차 못 하고 순식간에 무너졌어요. 군사들이 대부분 이방원의 명령을 따랐기 때문에 정도전에게는 난을 일으킬 만한 힘이 없었다는 뜻이에요. 셋째, 〈태조실록〉을 펴낸 사람들이 태종 이방원의 신하라는 점이에요. 〈태조실록〉은 태종 때 완성되었어요. 당연히 이방원의 편에 서서 유리한 내용을 기록했을 것이라고 짐작할 수 있지요.

실록 놀이터

한양이 조선의 도읍으로 결정된 뒤 궁궐, 종묘, 시장, 그리고 동서남북에 네 개의 대문이 생겼어요. 도성 안에 여러분이 상상한 궁궐의 모습을 그려 보세요.

첫 번째 왕자의 난이 일어난 뒤 태조는 둘째 아들 방과에게 왕위를 물려주었어요. 사랑하는 두 아들 방석과 방번을 잃은 큰 슬픔을 견딜 수 없었지요. 처음에 방과는 왕위를 사양했으나 방원이 강하게 권하여 어쩔 수 없이 받아들였어요. 그가 바로 조선의 제2대 임금 정종이랍니다.

정종은 집현전을 설치하여 학문을 연구하게 하고, 노비변정도감을 통해 노비 문제를 해결하기도 했어요. 하지만 나랏일보다 놀이와 사냥을 즐기다 2년 만에 방원에게 왕위를 넘길 수밖에 없었지요.

징검다리 임금

어수선한 한양

방과가 왕이 되었어요

첫 번째 왕자의 난이 끝난 뒤 신하들은 이방원을 세자로 삼아야 한다고 주장했어요. 그러나 이방원은 둘째 형 방과에게 세자 자리를 양보했어요. 방과는 세자가 되기를 거부했어요.

"나라를 세우는 데 가장 큰 공을 세운 사람은 정안군 방원입니다. 어찌 제가 정안군 대신 세자가 될 수 있겠습니까?"

같은 신의 왕후 한씨의 아들로 태어났고 자신이 형이었지만, 늘 동생 이방원을 두려워한 방과는 어쩔 수 없이 세자가 되었어요.

징검다리 임금

태조는 나이가 많아서 병이 깊었고, 두 아들을 잃은 슬픔이 매우 컸어요. 1398년 9월, 방과를 세자로 삼은 지 한 달 만에 왕위를 물려주고 상왕이 되었어요. 방과가 조선의 두 번째 임금 정종이랍니다. 정종은 이방원의 심복인 하륜, 이숙번 등을 중요한 관직에 앉혔지요. 나라의 크고 중요한 일은 이방원의 의견에 따라 결정되었지요. 정종은 무늬만 왕이었고 허수아비에 지나지 않았어요.

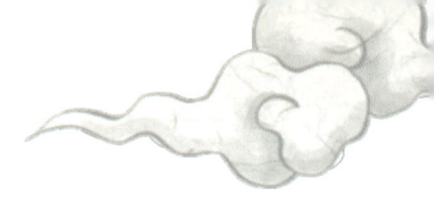

다시 도읍을 개경으로 옮겼어요

정종이 왕위에 오른 이듬해 1월, 나라 안에 겨울답지 않게 큰비가 내리고 바람이 몰아쳤어요. 궁궐 안에는 까마귀 떼가 몰려들었어요. 까마귀들은 궁궐 안 구석구석 집을 지었고 심지어 근정전 처마에도 둥지를 틀었어요. 근정전은 임금이 나라의 큰 행사를 치르는 곳으로, 경복궁에서 가장 중요한 건물이에요. 날씨를 담당하는 서운관에서 불길한 일이라며 임금이 거처를 옮기는 것이 좋겠다고 보고했어요.

경복궁을 지은 지 얼마나 됐다고 도읍을 옮겨?

징검다리 임금

한양에 살고 있던 백성들은 큰일이 일어날까 두려워하며 웅성거렸어요. 게다가 아직 큰길이 다 나지 않았고 관청도 완성되지 않아서 백성들이 살기에 불편했지요. 이방원은 궁궐과 관청들이 그대로 남아 있는 개경으로 도읍을 다시 옮기는 것이 좋겠다고 생각했어요. 무엇보다 두 동생과 많은 사람이 죽어 간 한양이 그리 편하지 않았어요. 이방원의 요구에 따라 정종은 태조를 모시고 신하들과 함께 개경으로 떠났어요.

두 번째 왕자의 난

왕자의 난이 또 일어났어요

이방원이 권력을 쥐자 반대하는 세력들이 하나둘 생겨났어요. 대표적인 사람이 태조의 넷째 아들 방간이었어요. 원래 방간은 이방원과 사이가 좋지 않았어요. 이방원이 공을 세울 때마다 시기하여 헐뜯고 다녔지요. 신하들은 정종에게 이방원을 세자로 임명하라고 자주 건의했어요. 정종도 하루빨리 이방원을 세자로 삼고 왕위를 물려주려 했어요. 그러자 방간은 이방원에게 왕위를 빼앗길까 봐 조바심이 났어요.

징검다리 임금

이방원에 반대한 또 한 사람은 박포였어요. 박포는 첫 번째 왕자의 난 때 이방원을 도와 정도전 일파를 해치운 사람이에요. 이방원에게 제대로 대접을 받지 못하자 불만을 갖게 되었지요. 어느 날 박포는 방간을 찾아갔어요. 이방원이 방간을 죽이려 한다고 이간질했어요. 1400년 1월, 두 사람은 사냥을 한다는 핑계를 대고 군사를 일으켰어요. 방간은 이방원이 자신을 죽이려 해 군사를 일으키는 것이라고 태조에게 미리 알렸어요.

방간을 살려 주었어요

태조가 방간을 말렸으나 이미 때는 늦었어요. 방간을 따르는 무리가 이방원을 향해 달려가고 있었지요. 그러나 방간의 기습 작전은 실패로 끝났어요. 이방원이 훨씬 많은 군사를 이끌고 방간의 앞을 막아섰어요. 방간의 처조카인 이래가 전날 밤에 모든 사실을 이방원에게 일러바쳤던 거예요. 방간의 무리는 힘껏 싸워 보지도 못한 채 뿔뿔이 달아났고, 방간은 개경의 성균관 뒷산에서 붙잡히고 말았어요.

징검다리 임금

이방원은 차마 형을 죽일 수 없었어요. 방석과 방번 두 동생을 죽인 것이 겨우 2년 전이에요. 이번에 방간을 죽인다면 세상 사람들이 자기를 어떻게 볼까 걱정이 되었지요. 이방원은 방간을 죽이지 않고 황해도 토산으로 귀양을 보냈어요. 방간은 안산, 순천, 홍성, 전주 등으로 옮겨 다니며 늙어 죽을 때까지 편안하게 살았어요. 박포는 충청도 영동으로 귀양 갔다가 이산에서 사형을 당했답니다.

욕심을 버린 정종

이방원을 세자로 책봉했어요

두 번째 왕자의 난이 끝난 뒤, 하륜과 박은을 비롯한 신하들은 이방원을 세자로 삼으라는 상소를 올렸어요. 정종은 더 기다리지 않고 이방원을 세자로 삼았어요. 이방원은 본격적으로 정치에 참여했어요. 우선 왕자들과 귀족들이 개인적으로 모은 군사들을 모조리 없앴어요. 그리고 정치와 군대를 분리시켜 한 사람이 양쪽의 일을 할 수 없게 했어요. 모두 왕의 권한을 강화하고 반란을 막기 위함이었지요.

징검다리 임금

이방원이 세자가 되기까지 아내인 민씨 부인의 공이 매우 컸어요. 민씨 부인은 담이 크고 배포가 남달랐어요. 첫 번째 왕자의 난이 일어나기 전, 정도전 일파가 왕자들의 군사와 무기를 없애라고 했을 때 민씨 부인은 아무도 몰래 무기를 숨겨 두었어요. 그 무기를 사용해 이방원은 정도전 일파를 무찌를 수 있었지요. 또 정도전과 방석의 움직임을 꼼꼼하게 파악하여 이방원에게 알려 주었어요.

이방원에게 왕위를 물려주었어요

정종은 정치에 관심을 두지 않고 격구와 사냥 같은 놀이에 힘을 쏟았어요. 격구는 말을 타고 공을 쳐서 멀리 보내는 경기예요. 이방원으로부터 자신을 지키기 위한 방법이었지요. 이방원이 세자가 된 뒤 정종의 왕비인 정안 왕후 김씨는 하루빨리 왕위를 물려주라고 간청했어요. 괜히 권력에 욕심을 부리다가 이방원에게 무슨 짓을 당할지 몰랐기 때문이에요. 왕과 왕비의 자리보다 목숨이 더 중요하다고 판단한 것이지요.

징검다리 임금

1400년 11월, 정종은 세자 이방원에게 왕위를 넘겨주었어요. 이방원은 처음에 거절하다가 못 이기는 체 왕위에 올랐어요. 그가 바로 조선의 세 번째 임금 태종이랍니다. 정종은 상왕, 태조는 태상왕이 되었지요. 상왕으로 물러난 정종은 경복궁 옆에 있던 인덕궁에서 살았어요. 왕위에서 물러나 홀가분하게 사냥과 격구를 즐기고 가까운 사람들과 잔치를 벌이며 편안하게 세월을 보냈어요. 세종 대왕이 즉위한 이듬해에 63세의 나이로 세상을 떠났어요.

실록 배움터

정종은 왜 '공정왕'이라고 불렸을까?

왕이 죽으면 묘호를 정해요. '묘호'란 종묘에 임금의 위패를 모실 때 붙이는 호칭이에요. 이성계는 태조, 이방과는 정종, 이방원은 태종이라는 묘호를 받았지요. 보통 나라를 세우거나 공이 많은 임금은 조, 별 탈 없이 순조롭게 왕위에 오른 임금은 종을 붙였어요. 연산군과 광해군처럼 쫓겨난 임금에게는 군을 붙이기도 했어요.

정종은 오랫동안 묘호를 받지 못한 채 공정왕이라 불렸어요. 정종을 왕으로 인정하지 않았던 것이지요. 태조와 태종을 연결하는 징검다리 역할을 한 것 외에 특별한 업적이 없다고 평가되었기 때문이에요. 태종은 태조에서 자신을 거쳐 아들인 세종 대왕으로 이어지는 왕위의 흐름에 정통성이 있다고 여겼어요. 공정왕이 정종이라는 묘호를 받고 부인 김씨가 정안 왕후라는 시호를 받은 것은 262년 후인 숙종 때였어요. 정종이라는 뜻은 '태조의 뒤를 이어 나라를 안정시켰고 백성들을 염려한 임금'이랍니다.

실록 놀이터

이방원이 권력을 쥐자 이에 불만을 품은 방간은 왕자의 난을 일으켰어요. 두 그림에서 다른 부분 다섯 군데를 찾아 ○ 해 보세요.

태종은 아버지 태조 이성계를 도와 조선을 세웠어요. 조선이 대를 이어 오래오래 계속되기를 간절히 바랐지요. 백성이 잘 살 수 있고 나라를 안정시킬 수 있는 여러 제도를 새로 만들었어요. 조선이 평화롭게 발전하기 위해서는 강력한 왕권이 필요했어요. 몇몇 신하가 권력을 휘두르거나 왕비의 집안사람들이 정치에 나서는 일을 막아야 했지요. 태종은 누구든지 왕권에 도전하면 자신을 도왔던 신하나 왕비의 남동생이라도 용서하지 않았어요.

왕권 강화에 힘쓴 태종

아버지와 아들의 갈등

아버지와 점점 사이가 나빠졌어요

태상왕이 된 태조 이성계는 이방원이 마땅치 않았어요. 왕비가 된 지 4년 만에 신덕 왕후는 병으로 죽었어요. 슬픔이 채 가시기도 전에 첫 번째 왕자의 난이 일어났고, 신덕 왕후가 낳은 방번과 방석은 이방원에 의해 목숨을 잃었어요. 두 번째 왕자의 난이 일어나 방간마저 귀양을 가게 되자 미움은 더욱 커졌어요. 태조는 틈만 나면 주변 사람들에게 세자가 된 이방원의 잘못을 일일이 들려주며 원망했어요.

처음부터 나한테 왕위를 물려줬어야지.

왕권 강화에 힘쓴 태종

태조는 70번째 생일, 한양에 있는 흥천사에 가서 불공을 드렸어요. 흥천사는 태조가 죽은 신덕 왕후의 명복을 빌기 위해 정릉 옆에 새로 지은 절이에요. 불공을 마친 태조는 개경으로 가지 않고 강원도 오대산과 낙산사로 떠났어요. 잠시도 이방원과 함께 있고 싶지 않았던 것이지요. 그 무렵 정종이 이방원에게 왕위를 물려줄 것이라는 소식이 들려왔어요. 태조는 한마디 상의도 없이 중요한 결정을 내린 아들들이 원망스러웠어요.

태조가 안변으로 떠났어요

태조는 태종 이방원이 왕위에 오른 지 한 달 만에 개경 수창궁으로 돌아왔어요. 그리고 태종에게 한양으로 돌아가자고 말했어요. 그전부터 태조는 신덕 왕후가 묻혀 있는 한양으로 돌아가기를 원했어요. 태종은 아버지의 화를 풀어 드리기 위해 순순히 그러겠다고 대답했지요. 그러나 도읍을 옮기는 일은 그리 간단하지 않았어요. 신하들과 백성들은 물론 관청, 시장 등 도읍 전체가 이동하는 것이라 왕 혼자 결정할 수 없는 일이었어요.

왕권 강화에 힘쓴 태종

한양으로 돌아가는 일이 늦어질수록 태조의 마음속에 분노가 차곡차곡 쌓였어요.

이듬해 봄 태조는 혼자 한양으로 돌아왔어요. 그 뒤 금강산 여행을 하겠다고 떠났고 이후 함경도 안변으로 갔어요. 안변은 태조가 태어나고 자란 영흥과 가까운 곳이었어요. 그곳에 머물며 태조는 슬픔과 분노를 삭였어요. 태종이 도승지 박석명을 보내 인사를 대신하고 돌아오기를 권했으나 태조는 들은 체하지 않았어요.

신하들을 안변으로 보냈어요

태종은 아버지를 달래기 위해 계속 노력했어요. 누구를 보낼까 고민하다가 정치에서 물러난 성석린을 보내기로 했어요. 성석린은 태조와 친구처럼 지낸 가까운 신하였어요. 글과 학문을 잘하여 공민왕 때 과거에 급제했고, 왜구가 개경 근처까지 쳐들어왔을 때 싸움에 나가 큰 공을 세울 만큼 무예에도 뛰어났어요. 그 후 태조와 함께 조선을 세웠으며, 한양으로 도읍을 옮기거나 궁궐을 짓는 등 나라의 큰일에 참여했지요.

조선을 세운 게 엊그제 같은데 세월이 참 빠르네그려.

왕권 강화에 힘쓴 태종

태조는 오랜 친구인 성석린을 반갑게 맞이했어요. 술잔을 주고받으며 지난 이야기를 나누는 동안 태조의 마음도 조금씩 풀렸어요. 성석린이 개경으로 돌아가기를 간곡하게 청하자 태조는 못 이기는 척 받아들였지요. 성석린이 태조를 데리고 돌아온다는 소식을 듣고 태종은 신하들과 개경 밖으로 나가 정중하게 맞이했어요. 그리고 한 달 만에 돌아온 아버지를 위해 큰 잔치를 열었어요.

개경으로 가서 자리를 지키시는 게 좋을 듯합니다.

태조는 회암사에 머물렀어요

다시 개경으로 돌아오기는 했지만 태조의 화가 다 풀린 것은 아니었어요. 태조는 툭하면 한양으로 떠났고 오랫동안 회암사에 머물렀어요. 회암사는 한양에서 가까운 경기도 양주에 있는 절이에요. 고려 말에 승려 지공이 지었으며, 나라 안에서 가장 큰 절이었어요. 무학 대사가 주지로 있을 때 승려의 수가 3000여 명에 이르렀어요. 태조는 회암사에서 죽은 아내와 아들들의 명복을 빌며 스스로 마음을 다스렸지요.

★**주지** 절을 책임지고 맡아 관리하는 승려를 가리켜요.

왕권 강화에 힘쓴 태종

그 무렵 황해도 토산으로 귀양 간 방간이 병에 걸렸어요. 태조는 방간을 개경에서 살도록 해 달라고 태종에게 부탁했어요. 태종은 신하들이 반대한다는 핑계를 대며 들어주지 않았어요. 화가 난 태조는 금강산으로 떠나겠다고 했지요. 태종은 신하들을 딸려 보내 아버지를 보살피게 했어요. 태조는 아들에게 감시당하는 것 같아 못마땅해하며 갑자기 목적지를 금강산에서 안변으로 바꾸었답니다.

조사의가 난을 일으켰어요

아버지와 아들의 갈등은 결국 반란으로 나타났어요. 태종에게 반대하여 난을 일으킨 사람은 안변 부사 조사의였어요. 조사의는 신덕 왕후의 친척으로, 태종이 일부러 태조의 기분을 풀어 드리기 위해 안변 부사로 보낸 사람이었지요. 태조가 안변으로 다시 돌아오자, 조사의는 함경도 지방의 권력층들과 반란 계획을 세웠어요. 최종 목적은 태종을 몰아내고 태조를 다시 왕위에 앉히는 것이었지요. 태조를 지지하던 함경도 주변의 백성들도 조사의의 반란에 호응했어요.

왕권 강화에 힘쓴 태종

태종은 반란 소식을 듣고 신하를 보내 태조에게 개경으로 돌아오라고 했어요. 하지만 태조는 태종의 신하를 죽여 반란군에게 힘을 실어 주었지요. 반란군의 기세는 엄청났어요. 태종이 보낸 군대를 무찌르고 순식간에 평안도까지 밀고 내려왔어요. 태종은 개경을 수비하는 군사들을 뺀 나머지 모든 군사에게 반란군을 막도록 했어요. 결국 조사의 군대는 청천강에서 진압되었고 반란에 참여한 많은 사람이 붙잡혀 사형당했어요.

신덕 왕후의 원수를 갚자!

와~ 와 와~

다시 한양으로

동전을 던져 새 도읍을 정했어요

조사의의 난이 실패로 끝난 뒤 태종은 아버지와 더욱 멀어졌어요. 그 무렵 무학 대사가 죽어 태조는 큰 슬픔에 빠져 있었어요. 태종은 아버지의 마음을 풀어 드리기 위해 한양으로 돌아가기로 했어요. 신하들이 반대했으나 태종은 고집을 꺾지 않았어요. 직접 한양의 형세를 살펴보겠다며 가까운 신하들과 한양으로 갔어요. 종묘에 들어가 마지막으로 동전을 던져 개경과 한양 가운데 어느 곳이 도읍으로 적당한지 정하기로 했어요. 결과는 한양이었지요.

개경?
한양?

왕권 강화에 힘쓴 태종

도읍이 결정되자, 태종은 상왕인 정종 부부를 한양으로 보내 살도록 했어요. 그리고 아버지를 찾아가 한양으로 돌아가기로 했다고 알렸어요. 태조도 아들의 말을 기쁘게 받아들였어요. 그러나 태종의 마음에 걸리는 것이 있었어요. 바로 경복궁이었어요. 경복궁은 정도전이 지은 궁궐이고, 첫 번째 왕자의 난이 일어났던 곳이에요. 태종은 불편할 수밖에 없었지요. 그래서 경복궁 동쪽에 새로운 궁궐을 짓도록 했답니다.

창덕궁이 완성되었어요

1405년 9월, 태종은 개경을 떠나 사흘 만에 한양에 도착했어요. 태조 때문에 급히 서둘렀기 때문에 아직 새 궁궐이 완성되기 전이었어요. 태종은 영의정 조준의 집에서 지내야 했어요. 이튿날 태종은 새 궁궐을 짓는 곳으로 찾아갔어요. 공사에 참여하느라 경기도와 강원도에서 올라온 백성들을 위로하고 음식을 상으로 내렸어요.

왕권 강화에 힘쓴 태종

한양으로 돌아오고 나서 한 달 후 조선의 두 번째 궁궐이 완성되었어요. 임금이 신하들과 나랏일을 하는 정전과 편전, 쉬거나 잠을 자는 침전으로 이루어졌어요. 경복궁에 비해 작은 궁궐이었어요. 새로 완성된 궁궐의 이름을 '창덕궁'이라 지었어요. 임금이 덕을 밝혀 나라가 크게 발전할 것이라는 뜻이에요. 태종은 왕비와 함께 창덕궁에서 신하들의 인사를 받고 잔치를 베풀었어요. 뒤이어 태조가 한양으로 돌아왔어요. 태종은 양주까지 나가 아버지를 맞이했어요.

화살이 꽂힌 살곶이 다리

서울 동북쪽에 중랑천이라는 개울이 흘러요. 중랑천에는 살곶이 다리라는 꽤 긴 돌다리가 있답니다. 살곶이 다리에는 태조와 태종에 관한 전설이 깃들어 있어요. 형제를 죽인 태종이 왕이 되자 태조는 함흥으로 떠났어요. 태종은 아버지 태조를 한양으로 돌아오게 하려고 신하들을 보냈지요. 태조는 태종이 보낸 신하들을 모두 죽였어요. 그래서 지금도 심부름을 보냈는데 돌아오지 않을 때 '함흥차사'라고 하지요.

태조는 무학 대사의 청을 거절하지 못하고 한양으로 돌아왔어요. 태종은 중랑천까지 나가 벌판에 천막을 치고 태조를 맞이했어요. 하륜이 혹시 모르니 태종에게 천막 기둥을 굵은 나무로 세우도록 했어요.

동생들을 죽이고도 정녕 아무렇지 않단 말이냐?

화가 안 풀린 태조는 태종에게 화살을 쏘았고, 다행히 굵은 천막 기둥에 꽂혔어요. 그때부터 화살이 꽂힌 벌판이라고 해서 사람들은 그곳을 살곶이 벌, 다리를 살곶이 다리라고 불렀어요.
〈조선왕조실록〉에는 함흥차사 이야기가 없고, 태조를 한양으로 데려온 사람도 성석린으로 나와 있어요. 함흥으로 가서 죽었다는 신하들이 살아서 계속 역사에 등장하므로 나중에 꾸며 낸 이야기라 할 수 있지요.

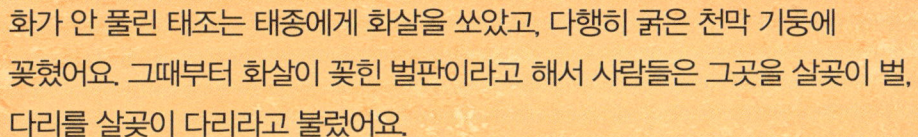

이성계의 죽음

〈태조실록〉을 펴냈어요

이성계는 북쪽의 외진 땅 함경도에서 태어났어요. 스스로 힘을 키워 최고의 장수가 되었고 신진 사대부의 도움으로 고려를 무너뜨린 뒤 조선을 세웠지요. 그러나 아들들이 세자 자리를 차지하기 위해 서로 죽고 죽였어요. 이성계는 형제를 죽이고 왕이 된 다섯째 아들 이방원을 미워했어요. 한양을 떠나 이곳저곳을 떠돌아다니다 죽기 얼마 전 한양으로 돌아왔어요. 무학 대사의 권유로 불교를 열심히 믿다가 1408년 5월, 74세를 일기로 눈을 감았지요.

왕권 강화에 힘쓴 태종

신하들은 태조 대에 활동하던 사람들이 아직 살아 있으므로 실록을 펴내는 일을 미루자고 했어요. 하지만 태종은 고집을 부려 아버지의 실록을 펴내도록 했어요. 1410년 하륜, 유관, 변계량 등에 의해 실록청이 세워졌고, 약 4년에 걸쳐 1413년 15권 3책의 〈태조실록〉이 완성되었어요. 〈태조실록〉의 정식 이름은 〈태조강헌대왕실록〉이에요. 고려 말과 조선 건국의 역사를 생생하게 알려 주는 중요한 기록 문화랍니다.

실록 배움터

태조의 능에 억새가 자란 까닭은?

태조 이성계의 무덤은 경기도 구리시에 있어요. 이름은 건원릉이에요. 태종은 건원릉을 만드는 일에 정성을 쏟았어요. 조선의 첫 번째 왕릉이기 때문이지요. 건원릉 입구에는 붉게 칠한 홍살문이 우뚝 서 있어요. 곧이어 제사를 지내는 정자각이 나오고, 야트막한 언덕 위에 커다란 무덤이 솟아 있어요. 무덤 앞에는 돌로 만든 한 쌍의 신하, 네 마리의 호랑이와 양이 서 있어요. 무덤과 석상 사이에는 왕의 영혼이 머무는 혼유석이라는 돌 탁자가 놓여 있지요.

마지막 유언을 들어드리지 못해 죄송합니다.

보통 무덤에는 잔디를 심는데, 건원릉에는 억새가 자라나 있어요. 그것은 태조의 유언 때문이에요. 태조는 죽기 전에 자신이 태어나고 자란 함흥에 묻어 달라는 말을 남겼어요. 왕은 보통 1년에 몇 번이나 조상들의 무덤에 찾아가야 해요. 그런데 한양에서 함흥까지는 오가는 데 한 달 넘게 걸리는 먼 거리예요. 고민을 하던 태종은 함흥의 흙과 억새를 가져다 아버지의 무덤을 만들었어요. 지금도 건원릉에는 억새가 돋아 있답니다.

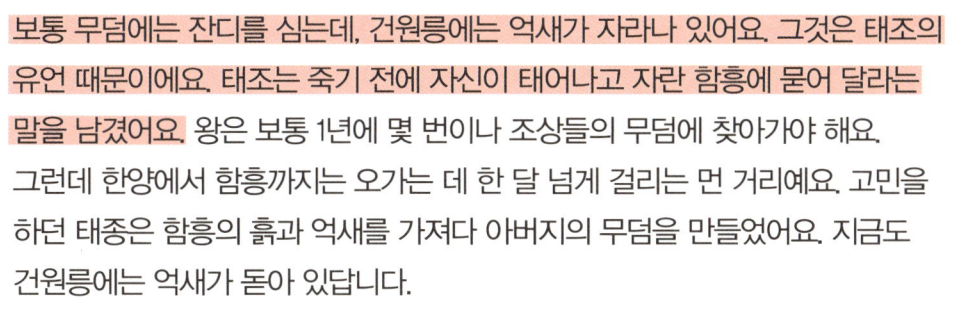

내 고향에 묻어 달라 했건만…

나라를 나라답게

신문고 제도를 만들었어요

태종이 왕위에 오른 해, 몇몇 선비들은 신문고를 설치하라는 상소를 올렸어요. 신문고는 백성들이 억울한 일을 당했을 때 왕에게 알리는 북이에요. 태종은 궁궐 대문 밖에 신문고를 두게 했어요. 주로 백성들이 누명을 썼거나, 생명이 위험하거나, 왕에게 반란을 일으키려는 사건을 신고할 때 두드릴 수 있었지요. 그러나 급하고 중요한 일이 아니더라도 함부로 신문고를 치는 사람들이 하나둘 늘었어요. 문제를 빠르게 처리할 수 있었기 때문이에요.

왕권 강화에 힘쓴 태종

나라에서는 신문고 사용 규칙을 더욱 강화했어요. 먼저 자기 고을의 원님, 원님을 관리하는 관찰사, 관리들의 잘못을 조사하는 사헌부를 거쳐 순서에 따라 문제를 해결하도록 했어요. 그래도 해결되지 않으면 마지막에 신문고를 두드리라는 것이지요. 또한 개인적인 원한을 풀거나 남을 모함하려고 북을 친 경우 큰 벌을 받았어요. 백성들이 신문고를 치는 일은 점점 어려워졌고, 연산군 때 사라졌다가 영조 때 다시 생겼어요.

호패법을 실시했어요

나라 살림은 백성들이 낸 세금으로 운영돼요. 나라가 안정되려면 세금을 잘 거둬야 해요. 태종은 성석린의 주장에 따라 각 마을의 구성원을 백성들 스스로 파악하는 '인보법'을 실시했어요. 인보란 이웃 사람이란 뜻이에요. 정직한 사람을 우두머리로 뽑아 마을 사람의 수, 이름, 나이, 신분을 정리하도록 했어요.

"신분증을 보여 주시오."

검문

왕권 강화에 힘쓴 태종

우두머리는 내용이 바뀌면 고을의 관청에 보고했고, 그에 따라 관청에서는 3년마다 호적을 수정하여 조정에 올렸지요. 인보법이 잘 지켜지지 않자, 태종은 호패법을 실시하도록 했어요. 조선 시대에 주로 세금을 내는 사람은 16세부터 60세까지 남성인 장정이에요. '호패법'은 장정의 수를 정확히 파악하기 위해 호패라는 신분증을 차고 다니게 한 제도랍니다. 호패에는 이름, 태어난 해, 관직 등을 새겼어요. 높은 관리는 상아와 소뿔로 만들었고, 낮은 관리와 일반 백성들은 나무로 만들었지요. 호패가 없는 장정은 매우 큰 벌을 받았어요.

호패가 있으니 편리하구나.

과거 제도와 교육 발전에 힘썼어요

조선은 건국 때부터 불교를 억누르고 유교를 떠받들었어요. 태종은 유교의 가르침을 널리 퍼뜨리기 위해 사부 학당을 강화했어요. 성균관이 국립 대학이라면 사부 학당은 중고등 교육 기관이에요. 한양의 북쪽을 제외한 동쪽, 서쪽, 남쪽, 중앙 네 군데에 있었어요. 태종은 사부 학당의 교육 내용을 새로 정리했고, 실력 있는 유학자들을 교수로 보냈어요. 그 밖에 십학을 만들어 유학을 비롯한 법학, 의학, 수학, 역학 등 전문적인 기술을 가르쳤지요.

왕권 강화에 힘쓴 태종

유교 교육의 목적은 공자와 맹자의 가르침을 실천할 수 있는 관리를 길러 내는 것이었어요. 3년마다 한 번씩 과거 시험을 통해 관리를 뽑았지요. 과거 시험의 종류는 문신을 뽑는 문과, 장수를 뽑는 무과, 기술 관리를 뽑는 잡과로 나뉘어요. 가장 중요한 시험은 유학을 공부한 선비들을 뽑는 문과였어요. 문과는 소과와 대과, 두 번 시험을 치렀지요. 소과를 통과해야 대과를 치를 수 있는 자격이 주어졌답니다.

거북선을 만들었어요

고려 말에는 외적의 침략이 잦았어요. 명나라가 들어선 뒤 북쪽은 안정이 되었지만, 남쪽의 왜구는 계속 바닷가 마을을 넘보았지요. 고려가 왜구를 물리칠 수 있었던 것은 최무선의 공이 가장 컸어요. 최무선은 화약을 연구하고 대포와 불화살을 발전시켜 왜구의 배 수백 척을 산산조각 냈어요. 조선이 건국되고 나서 얼마 후 최무선은 죽었어요. 태종은 최무선의 아들 최해산을 불러 벼슬을 내리고 화약과 무기를 계속 연구하도록 했지요.

조선 최고의 무적함대, 거북선이 나가신다!

왕권 강화에 힘쓴 태종

왜적의 힘이 약해졌지만 태종은 마음을 놓을 수 없었어요. 수군의 훈련을 더욱 강화했고, 새로운 배를 만들었어요. 바로 거북선이에요. 1413년 태종은 임진강에서 신하들과 함께 거북선으로 전쟁 연습을 하는 모습을 지켜보았어요. 거북선은 철갑으로 뒤덮여 적의 배와 부딪혀도 부서지지 않았어요. 신하들은 거북선이 승리를 가져올 것이라고 높이 평가했어요. 그 당시 거북선이 어떤 모양인지 정확하게 알 수는 없지만, 임진왜란 때 이순신 장군에게 영향을 준 것은 분명해요.

무기를 개발하는 건 국방력 강화에 필수지.

상업을 발전시키다

시전을 지었어요

상업을 중시했던 고려와 달리 조선은 농업을 산업의 근본으로 여겼어요. 물건을 사고파는 상인을 매우 천하게 보았지요. 처음 도읍을 한양으로 옮겼을 때 성안에는 변변한 시장 하나 없었어요. 인구는 늘어가는데 시장이 없으니 쌀, 옷, 땔감 등 생활에 꼭 필요한 물건은 부르는 게 값이었어요. 개경에서 돌아온 태종은 서둘러 시장을 지으라는 명을 내렸어요.

왕권 강화에 힘쓴 태종

"종루에서 동대문까지 좌우로 길게 시전을 짓도록 하여라. 지금은 백성들이 원망하더라도 자손들에게 물려주면 큰 도움이 될 것이다."

'시전'이란 나라에서 관리하는 상점이에요. 3년 동안 기술자와 수군, 승려 수천 명이 시전을 짓는 공사에 참여했어요. 시전에서는 나라의 허락을 받은 상인만 장사할 수 있었어요. 그 대신 상점을 이용하는 비용과 나라의 행사에 필요한 물건을 제공했지요. 주요 상품이 비단, 명주, 면포, 종이, 모시, 생선 등 여섯 가지여서 '육의전'이라 부르기도 했어요.

종이 화폐를 만들었어요

조선 초기에는 물건을 사고팔 때 곡식과 베를 이용했어요. 거의 물물 교환이라 할 수 있지요. 태조는 경제가 발전하려면 화폐가 있어야 한다고 생각했어요. 곡식과 베는 부피도 크고 보관도 어려워 여러모로 불편했어요. 또한 화폐를 이용하면 세금을 거두기도 훨씬 쉬웠어요. 태조는 쇠로 동전을 만들려고 준비하다가 포기하고 말았어요. 건국 초기에 백성들의 생활에 혼란을 줄 수 있다는 신하들의 반대 때문이었지요.

종이돈을 만들면 상업이 지금보다 활발하겠지?

왕권 강화에 힘쓴 태종

태종은 왕위에 오르자마자 '사섬서'라는 관청을 만들었어요. 그리고 저화, 곧 종이 화폐를 찍어 냈어요. 저화는 동전보다 가볍고 만드는 비용도 적었어요. 그러나 길이가 가로세로 40센티미터나 되어 들고 다니기 불편했어요. 저화 한 장은 쌀 두 말 또는 베 한 필이었어요. 백성들은 저화의 가치를 믿지 못했기 때문에 계속 물물 교환을 했어요. 저화는 생겼다 사라지기를 반복하다가 흉년이 계속 들면서 영영 사라지게 되었어요.

우선 베 한 필 받으시게.

쌀 한 섬이네.

외척과 공신을 없애다

왕과 왕비가 자주 다퉜어요

태종은 조선이 성장하기 위해 자손이 많아야 한다고 생각했어요. 왕위에 오른 뒤 여러 후궁을 두었고 아들과 딸을 낳았어요. 왕비인 원경 왕후 민씨는 유명한 집안의 딸이었어요. 아버지 민제가 고려 시대에 과거에 급제하여 높은 벼슬에 올랐고, 조선에서는 영의정까지 지냈어요. 그러나 태종과 후궁 사이에 아기가 계속 태어나자 원경 왕후는 질투심을 참을 수 없었어요. 태종과 원경 왕후는 만나기만 하면 다투곤 했어요.

왕권 강화에 힘쓴 태종

질투심보다 더 큰 문제는 원경 왕후의 남동생들이었어요. 태종은 언젠가 처남들이 누나인 원경 왕후를 등에 업고 권력을 휘두를까 봐 걱정되었지요. 원경 왕후는 태종 못지않게 괄괄한 성격이었어요. 총명하고 판단력이 뛰어났으며 나랏일에 관심도 많았어요. 태종이 세자가 되고 왕위에 오르기까지 원경 왕후의 공이 매우 컸기 때문에 신하들도 함부로 무시할 수 없었지요. 태종의 마음속에 점점 걱정이 자라났어요.

두 처남을 죽였어요

왕권을 강화하려면 신하들의 힘을 없애야 했어요. 특히 왕비의 집안에서 권력을 잡는 것을 막아야 했어요. 원경 왕후에게는 네 명의 남동생이 있었어요. 그 가운데 민무구와 민무질은 거만하고 욕심이 많았지요. 비록 아내의 남동생들이지만 태종의 눈에 여간 거슬리는 것이 아니었어요. 태종은 두 처남을 제거할 기회를 호시탐탐 노리고 있었어요.

왕권 강화에 힘쓴 태종

1406년 8월, 태종은 세자에게 왕위를 물려주겠다고 했어요. 아직 임금은 40세로 젊은 나이였어요. 신하들은 벌 떼처럼 궁궐로 들어와 반대 상소를 올렸어요. 민무구 형제는 다른 신하들처럼 앞장서서 반대하지 않았어요. 두 사람은 속으로 태종이 물러나고 조카인 세자가 왕이 되기를 바라고 있었지요. 신하들의 반대를 핑계로 태종은 왕위를 계속 지키기로 했어요. 그런데 태조의 동생인 이화가 민무구와 민무질이 어린 세자를 등에 업고 권력을 잡으려 했다고 비판했어요. 결국 두 사람은 제주도로 귀양 갔고 스스로 목숨을 끊는 형벌을 받았어요.

이숙번을 내쫓았어요

하륜, 조영무, 이숙번은 삶과 죽음의 고비를 함께 넘긴 사람들이었어요. 정몽주 등 조선의 반대 세력을 없앴고, 두 번의 왕자의 난에서 목숨을 걸고 태종을 지켰어요. 태종은 세자로 있을 때부터 세 사람에게 높은 벼슬을 내리고 각별하게 챙겼어요. 그러나 태종을 왕으로 만든 공신들은 앞으로 왕권을 위협하는 또 하나의 세력이었어요. 조선의 성장과 발전을 위해 처남들마저 죽인 태종이 공신들을 그대로 둘 리 없었지요.

왕권 강화에 힘쓴 태종

하륜과 조영무는 태종이 왕위에 있을 때 죽었어요. 특히 하륜은 태종의 그림자 같은 가까운 신하였어요. 함경도에 있는 왕의 조상들 무덤에 다녀오다 병에 걸려 갑자기 죽었지요. 태종은 몹시 슬퍼하며 7일간 고기반찬을 먹지 않았어요. 문제는 이숙번이었어요. 임금을 믿고 함부로 거들먹거리니 내쫓으라는 상소가 끊이지 않았어요. 몇 번 거절하던 태종은 이숙번의 벼슬을 빼앗고 경상도 함양으로 귀양 보냈어요.

뒤바뀐 세자

세자가 많은 잘못을 저질렀어요

태종과 원경 왕후 사이에 네 명의 아들이 있었어요. 양녕 대군, 효령 대군, 충녕 대군, 성녕 대군이에요. 왕위 계승 순서에 따라 양녕 대군이 세자가 되었어요. 다음 왕이 되기 위해 세자는 하루 종일 열심히 학문을 갈고닦아야 해요. 하지만 양녕 대군은 궁궐에 갇혀 있는 것보다 자유롭게 노는 것을 좋아했어요. 매일 술과 사냥에 빠져 공부를 멀리할 수밖에 없었지요. 세자가 공부하지 않고 궁궐 밖으로 나돈다는 말이 태종의 귀에 들어갔어요.

왕권 강화에 힘쓴 태종

양녕 대군은 아랑곳하지 않고 광대를 궁궐로 불러들여 놀이판을 벌였어요. 동생 성녕 대군이 열네 살 어린 나이에 죽었을 때 궁궐에서 활쏘기를 즐기기도 했어요. 그리고 곽선의 둘째 부인 어리에게 빠져 사랑하게 되었어요. 남편이 있는 여인을 가까이하는 것은 있을 수 없는 일이었어요. 화가 머리끝까지 치솟은 태종은 세자를 폐위하기로 결정했어요. 이미 양녕 대군의 잘못이 널리 알려져 반대하는 신하는 황희를 비롯해 몇 명 되지 않았어요.

한 나라의 왕이 될 자격도 없는 한심한 놈 같으니라고!

충녕 대군을 세자로 삼았어요

태종은 처음부터 양녕 대군이 왕의 그릇이 아니라는 사실을 알고 있었어요. 그러나 큰아들에게 왕위를 물려주는 것은 오랜 전통이었어요. 더욱이 왕자의 난과 같은 형제 사이의 싸움을 막으려면 큰아들을 세자로 삼을 수밖에 없었어요. 비록 자신은 왕이 되고 싶은 욕망 때문에 동생들을 죽이기는 했지만 왕자의 난은 태종에게 큰 상처였어요. 그래서 큰아들에게 왕위를 물려주려고 양녕 대군이 잘못을 거듭해도 꾹꾹 참았던 거예요.

왕권 강화에 힘쓴 태종

태종은 둘째 효령 대군과 셋째 충녕 대군 가운데 누구를 세자로 정할지 고민했어요. 고민은 길지 않았어요. 효령 대군은 순하고 착하지만 불교에 깊이 빠져 있었어요. 왕이 되면 신하들과 부딪힐 것이 뻔했어요. 그에 비해 충녕 대군은 유학을 좋아하고 학문을 열심히 갈고닦아 주변 사람들의 칭찬이 자자했어요. 1418년 6월, 태종은 충녕 대군을 세자로 임명했어요.

태종이 왕위에서 물러났어요

"충녕 대군은 총명하고 학문을 열심히 하여 앞으로 나라를 잘 다스릴 것이다."
태종은 충녕 대군을 세자로 임명하고 두 달 만에 왕위에서 내려오겠다고 발표했어요. 이번에도 신하들은 궁궐로 우르르 몰려가 반대 상소를 올렸어요. 혹시라도 민무구 형제처럼 딴마음을 품었다는 의심을 받을까 봐 앞다투어 거세게 반대했어요. 그러나 태종의 결심은 흔들림이 없었어요. 세자에게 왕위를 물려준 뒤 상왕으로 물러났지요.

왕권 강화에 힘쓴 태종

태종은 조선이 탄생하는 데 큰 공을 세웠고 나라의 기틀을 잡았어요. 한편으로는 정몽주와 자신의 형제를 잔인하게 죽였다는 비판을 받기도 했어요. 태종은 상왕이 되었지만 군사권은 놓지 않았어요. 권력에 욕심을 내는 신하들은 가차 없이 죽였어요. 수군을 대마도로 보내 왜구를 공격하기도 했어요. 모두 어린 세종 대왕이 하기 어려운 일이었지요. 태종은 뒤에서 세종 대왕의 부족한 부분을 메워 주었어요.

실록 배움터

청계천 공사에 정릉의 돌을 사용했다고?

청계천은 한양을 가로질러 흐르는 개천이에요. 인왕산, 북악산, 남산에서 흘러내린 물이 청계천에서 합쳐져 중랑천을 지나 한강에 닿아요. 처음 한양으로 도읍을 옮겼을 때, 청계천은 장마가 지면 넘치기 일쑤였고 생활 하수가 몰려들어 지저분했어요. 1412년 태종은 충청도, 전라도, 경상도의 백성 5만여 명을 불러다 청계천을 깨끗하게 정리했어요. 개천을 파서 바닥을 깨끗하게 다듬고 돌과 나무로 축대를 쌓아 물이 넘치지 않도록 예방했어요.

태종은 청계천 다리 중 광통교를 만들 때 정릉의 돌을 사용하도록 했어요. 정릉은 태조의 두 번째 왕비이자 방번과 방석의 어머니인 신덕 왕후 강씨의 무덤이에요. 원래 정릉은 한양 도성 안에 있었어요. 태종은 좁은 성안에 능이 있는 것은 옳지 못하다며 성곽 북쪽 너머로 옮겼어요. 그리고 정릉을 꾸몄던 돌들을 가져다 광통교 다리를 만들었지요. 왕릉의 돌을 함부로 사용하는 것은 있을 수 없는 일이에요. 태종이 신덕 왕후를 얼마나 미워했는지 짐작할 수 있답니다.

조선 최초의 왕비인 내가 이런 수모를 겪다니….

실록 놀이터

조선의 세 번째 임금 태종 대에는 많은 일이 있었어요. 다음 그림을 보고 태종이 한 일이 아닌 것을 찾아 네모 칸에 V해 보세요.

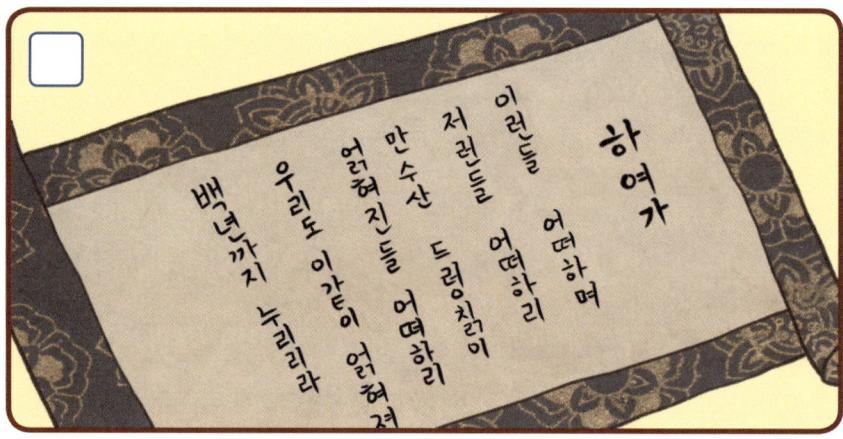

정답

▼ 36~37쪽

▼ 74~75쪽

▼ 132~133쪽

▼ 182~183쪽

**〈그림으로 보는 조선왕조실록〉
시리즈**는 전 5권입니다.

1권 새 나라 조선
2권 빛나는 조선의 문화
3권 개혁과 혼란의 시대
4권 새로운 조선을 꿈꾸다
5권 세도 정치로 무너지다

〈그림으로 보는
한국사〉와
함께 읽어요!

조선왕조실록 연표 (제1대~제3대)

새 나라 조선

조선 왕조 500년

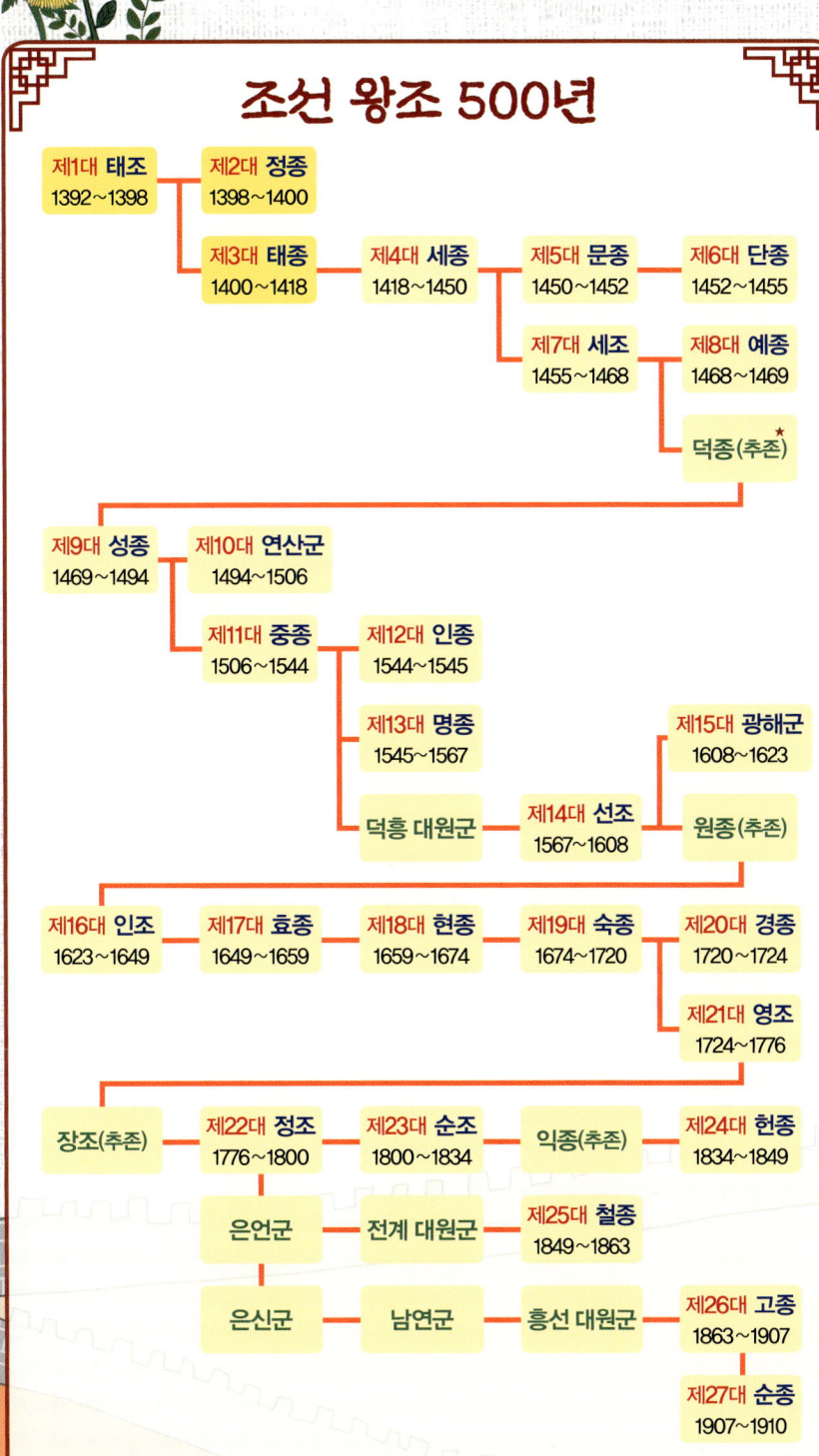

*추존 왕위에 오르지 못하고 죽은 사람에게 임금의 칭호를 주는 걸 말함.

제1대 태조

연도	나이	사건
1335년	1세	함경도 영흥에서 태어남.
1356년	22세	아버지를 도와 쌍성총관부를 공격함.
1380년	46세	남쪽을 침범한 왜구를 물리침.
1388년	54세	위화도에서 되돌아와 권력을 잡음.
1391년	57세	과전법을 실시함.
1392년	58세	고려를 무너뜨리고 새 나라를 세움.
1393년	59세	나라 이름을 조선으로 정함.
1394년	60세	한양을 도읍으로 정함. 정도전이 〈조선경국전〉을 펴냄.
1395년	61세	종묘와 궁궐을 지음.
1398년	64세	왕위를 둘째 아들 이방과에게 물려줌.
1402년	68세	조사의의 난이 실패함.
1408년	74세	창덕궁에서 세상을 떠남.

제2대 정종

연도	나이	사건
1357년	1세	함경도 함흥에서 태어남.
1398년	42세	세자로 책봉됨. 조선의 두 번째 왕이 됨.
1399년	43세	도읍을 다시 개경으로 옮김.
1400년	44세	노비변정도감을 설치함. 왕위를 동생 이방원에게 물려줌.
1419년	63세	인덕궁에서 죽음.

제3대 태종

연도	나이	사건
1367년	1세	함경도 함흥에서 태어남.
1392년	26세	조영규를 시켜 정몽주를 선죽교에서 죽임.
1398년	32세	첫 번째 왕자의 난이 일어남.
1400년	34세	두 번째 왕자의 난이 일어남. 세자로 책봉됨. 정종의 뒤를 이어 왕위에 오름.
1401년	35세	신문고 제도를 실시함.
1405년	39세	도읍을 다시 한양으로 옮김.
1410년	44세	처남인 민무질과 민무구를 죽임.
1412년	46세	한양에 육의전을 만듦.
1413년	47세	호패법을 실시함.
1418년	52세	셋째 왕자 충녕 대군을 세자로 삼음. 왕위를 세자에게 물려줌.
1422년	56세	수강궁에서 일생을 마침.